L'ÉQUILIBRE NATUREL DU ZÈBRE

Éditions Eyrolles
61, bd Saint-Germain
75240 Paris cedex 05
www.editions-eyrolles.com

Corrections : Caroline Puleo

Mise en pages : Caroline Verret

ISBN : 978-2-416-00420-9

MARGERIE VÉRON

L'ÉQUILIBRE NATUREL DU ZÈBRE

Guide d'épanouissement intégral pour hauts potentiels intellectuels et sensibles

Éditions
EYROLLES

À l'enfant que nous avons été,
à l'adulte libre et joyeux qui sommeille encore parfois.

SOMMAIRE

AVANT-PROPOS

DANS QUELLE MESURE SUIS-JE CONCERNÉ PAR CE LIVRE ?

Vous vous sentez en décalage avec le reste du monde ? Animé par une forme d'intensité qui semble comprise par si peu de personnes ? Vous voulez vivre une vie qui vous ressemble vraiment et vous rend heureux ? Alors oui, ce livre est fait pour vous, vous ne l'avez pas entre les mains par hasard !

La majorité des développements contenus dans ce livre peuvent s'appliquer à tout être humain. Mon intention est de les rendre spécifiquement pertinents pour les personnes qui vivent avec un cerveau en effervescence quasi permanente et/ou la sensibilité à fleur de peau, quelle que soit leur « étiquette »[1] officielle, suspectée, explorée ou auto-attribuée : haut potentiel intellectuel/émotionnel/sensible, zèbre, surdoué, hypersensible, indigo, surefficient mental, multipotentiel, etc.

Mais alors que les personnes qui se retrouvent dans le descriptif psychologique de telle ou telle appellation semblent de plus en plus nombreuses, il n'est pas évident de s'identifier avec certitude dans cette jungle. Je reviendrai donc rapidement sur ces notions pour vous permettre de savoir à qui s'adresse plus précisément ce qui va suivre.

Des notions aux contours variables

Les définitions de la douance et l'hypersensibilité sont parfois controversées parce que l'intelligence tout comme la sensibilité sont des sujets tabous dans notre société moderne occidentale. Une façon de contourner le flou de la définition et l'inconfort que génère parfois l'étiquette est d'utiliser une alternative. Il existe ainsi de nombreuses théories et définitions, voici les principales.

---

1. Voir Annexes, une carte pour apprivoiser l'étiquette.

Zèbre est le surnom donné par la psychologue clinicienne Jeanne Siaud-Facchin aux individus qu'elle a identifiés comme étant hauts potentiels intellectuels et présentant un certain nombre de caractéristiques psychologiques communes, dont la liste est variable et non exhaustive : ennui existentiel, sentiment de solitude, questionnement incessant, pensées ininterrompues, etc.

Métaphorique, le terme de zèbre reflète une réalité bien éloignée des idées reçues sur ceux que l'on attend aux premières places des classements scolaires, qui seraient « en avance » sur leurs camarades ou tout simplement des « génies ». En effet, il ne faut pas confondre intelligence et performance, compétence et réussite, potentiel et efficacité.

Le terme de zèbre est désormais entré dans le dictionnaire (Larousse, édition 2021). Je l'apprécie en ce qu'il ne réduit pas l'individu à son potentiel intellectuel et souligne sa singularité globale. Je l'adopte donc régulièrement, en ayant bien conscience que les contours de la notion sont flous.

Le terme **surefficient mental** est, quant à lui, utilisé pour définir les personnes à l'activité mentale intense. Il est généralement considéré comme synonyme de haut potentiel intellectuel.

Multipotentiel est un terme qui fait référence à la variété des centres d'intérêt et de compétences que développent certaines personnes du fait de leur grande curiosité. Si le spécialiste a trouvé son domaine d'expertise, le multipotentiel est en mesure de faire des liens entre des sujets assez variés, lui permettant de créer des univers à l'intersection de ses centres d'intérêt. Il exerce parfois plusieurs métiers en même temps (on parle alors de *slasheur*) ou crée son métier hybride à partir de ses compétences transversales. Si de nombreux multipotentiels se révèlent être également des hauts potentiels polymathes, il n'est pas certain qu'ils soient les seuls concernés.

Indigo, Arc-en-Ciel sont des termes issus de la spiritualité *new age*, je ne m'y attarderai pas, laissant chacun libre de ses croyances en la matière.

Suis-je haut potentiel intellectuel ?

Appelé **surdoué** autrefois, ***gifted*** en anglais, **précoce** chez les enfants, le haut potentiel intellectuel (HPI) est une notion plus précise, mieux circonscrite et scientifiquement étudiée. Pour être officiellement reconnu HPI en France, il faut avoir obtenu un score supérieur à 130 lors d'un test d'évaluation du quotient intellectuel (QI)[2]. Le test est construit de telle sorte que seuls 2,2 % des personnes d'un même âge devraient logiquement y parvenir.

Aujourd'hui pourtant, les études scientifiques sur la douance montrent un fait indéniable : le haut potentiel est une réalité neurobiologique. Difficile dès lors d'établir avec certitude que cette réalité neuro-anatomique ne concerne que 2,2 % de la population.

Par ailleurs, si le mode d'évaluation par test a le mérite d'être numériquement précis, il ne mesure toutefois que certaines fonctions cérébrales à un instant T. De plus, le test de QI est parfois loin de refléter la réalité dans la mesure où les résultats au test peuvent être biaisés par une certaine préparation en amont, un grand stress le jour de l'évaluation (d'autant qu'une majorité des hauts potentiels y est particulièrement sensible), un QI hétérogène[3] ou une condition plus chronique (troubles de l'attention avec ou sans hyperactivité, troubles dys-, dépression et anxiété notamment).

C'est pourquoi le test de QI est corroboré par un examen psychologique de la personne testée : intelligence vive, autonomie, vie émotionnelle multifacette, personnalité passionnée et curieuse, sensible, créative, originale, rapide et intense... les indices sont nombreux.

Aujourd'hui, les psychologues savent normalement interpréter les résultats pour ne pas se fier uniquement aux résultats chiffrés.

---

2. Test WAIS-IV à partir de 16 ans. La moyenne est à 130, le maximum de 160. En France, seuls les médecins diplômés en neuropsychologie clinique cognitive et les psychologues sont habilités à faire passer ce test.
3. Profil présentant un écart de plus de 12 points entre les quatre indices constitutifs du test. Ce profil est majoritaire parmi les HPI, par opposition au profil homogène. Ce profil, appelé parfois « complexe » se distingue alors du profil « laminaire » au QI homogène (voir Annexes p. 193).

Au-delà du test en lui-même, ils devraient attacher autant, voire plus, d'importance à l'entretien préalable et au comportement du testé pendant le test qu'aux résultats numériques.

Suis-je hypersensible ou haut potentiel sensible ?

Ce sont les travaux d'Elaine Aron qui ont permis de mieux connaître ce phénomène d'hypersensibilité qui toucherait entre 20 et 30 % de la population. En anglais, elle parle de *highly sensitive person* : personne hautement sensible. Elle a créé un test d'une vingtaine de questions qui permet de faire le point sur notre situation. Il est très facilement accessible sur Internet.

Personnellement, le terme d'hypersensible et l'inégalité de traitement sémantique de la sensibilité par rapport à l'intellect me dérangent. Si l'on parle d'hypersensibilité, pourquoi ne parlerait-on pas alors d'hyperintellect ? Puisqu'on a remplacé le terme de surdoué par haut potentiel pour ne pas induire de notion de supériorité, pourquoi ne pas renommer également l'hypersensibilité ?

L'hypersensibilité présente certaines spécificités neurobiologiques communes avec le haut potentiel intellectuel. Nous sommes ainsi de plus en plus nombreux à parler de **haut potentiel sensible** (HPS) afin de rendre ses lettres de noblesse à la sensibilité, qu'elle soit sensorielle ou émotionnelle.

On parle aussi parfois de **haut potentiel émotionnel** (HPE). Ce terme n'est aujourd'hui pas non plus une réalité définie. Il correspondrait pour certains à l'hypersensibilité émotionnelle seulement. Il est donc inclus dans la notion de haut potentiel sensible.

Si appréhender les contours de tous ces concepts peut s'avérer complexe, il n'est pas forcément nécessaire d'en avoir une définition claire, concise et incontestée pour prendre soin de soi et s'épanouir. L'essentiel est de comprendre que **le point commun entre toutes ces « étiquettes » est l'intensité : hyper ceci ou cela, nous ne sommes pas trop, nous sommes très !**

Ainsi, au-delà d'une étiquette, nous avons surtout besoin de reconnaître cette intensité et de l'apprivoiser[4] afin de nous épanouir avec, jour après jour. C'est précisément l'intention de ce livre.

Je suis (peut-être) zèbre/haut potentiel/ hypersensible, et après ?

Officieusement, les praticiens estiment que 15 à 30 % de la population pourraient être concernés. Non détectés, non testés, ces individus sont parfois en détresse sociale, professionnelle ou émotionnelle. Parce que lorsqu'on se sent différent, on se sent souvent aussi incompris. Ce sentiment cause parfois un grand manque de confiance et d'estime de soi, au détriment de l'épanouissement personnel et professionnel.

Se reconnaître comme zèbre/HPI-S permet déjà de nourrir un certain sentiment d'appartenance : on n'est pas seul à vivre ce que l'on vit, c'est tellement rassurant !

Mais cela ne résout pas tout, pas plus que cela ne fait disparaître les causes qui souvent auront poussé à s'interroger initialement. L'essentiel sera ensuite le chemin d'accueil de sa singularité, en apprenant à se connaître pour mieux se comprendre soi-même et enfin s'accepter tel que l'on est.

Peu importe l'étiquette donc, l'essentiel est d'apprivoiser son mode de fonctionnement unique, s'écouter suffisamment pour respecter ses besoins, ne pas mettre sur le compte de la douance ou de la sensibilité accrue tous les maux et accepter de prendre en main ce qui fait souffrir pour le faire évoluer, tout en soutenant les parts de soi qui veulent avancer.

Alors il sera possible de vivre une vie réellement épanouissante où l'intensité sera une belle et grande force.

Cela vous parle ? Vous souhaitez avancer sur cette voie ?
Ce livre est fait pour vous !

---

4. À l'instar du renard dans *Le Petit Prince* d'Antoine de Saint-Exupéry, j'utiliserai tout au long de ce livre le terme « apprivoiser » au sens de « créer des liens ».

INTRODUCTION

Nous sommes tous fondamentalement constitués de deux parts : une part qui veut survivre, guidée par notre système nerveux, et une part qui veut s'épanouir, guidée par notre Essence, notre nature profonde. Si vous me lisez, c'est que la première part fait déjà fort bien son travail mais qu'elle empêche peut-être malgré elle la seconde de vivre ce qu'elle aspire profondément à vivre. Et pour cause, l'équilibre entre les deux est subtil, l'épanouissement est un art dont les règles ne nous sont que rarement transmises depuis notre enfance.

C'est en tout cas ce que mon parcours jusqu'à ce jour m'amène à penser. Jeune fille adaptée bien qu'émotive, première de la classe une bonne partie de ma scolarité, je suis des rails bien tracés pendant dix ans en tant qu'avocate avant de connaître une crise de sens professionnelle et de quitter un « avenir prometteur » pour approfondir ce qui m'avait permis de tenir le coup jusque-là, le yoga.

Après six mois à assouplir mon corps et mon esprit sur les hauteurs de l'Himalaya, le champ d'une autre vie, plus à l'écoute de qui je suis, s'est ouvert. Je deviens alors au fil du temps yoga-thérapeute et naturopathe spécialiste du système nerveux et de la gestion du stress.

Puis un jour, la suspicion, confirmée par la suite, d'un haut potentiel intellectuel a été posée sur moi. Incrédule au début (classique phase de rejet), je lis à peu près tout ce que l'on peut trouver sur le sujet, en français et en anglais, pour finalement y découvrir une véritable libération sur le plan psychologique : tout s'explique !

Tout, peut-être pas. Une porte s'est ouverte en tout cas. Ma sensibilité bien mal étouffée se libère progressivement. Je découvre le monde de l'inconscient, la puissance de ses ressources insoupçonnées, la dimension symbolique et archétypale de la psyché grâce à la psychologie jungienne, aux thérapies cognitives et comportementales, à l'hypnose ericksonienne et d'autres approches plus ou moins conventionnelles.

Sur ce chemin, je comprends que ce qui semblait séparé pendant longtemps tend de plus en plus à converger : neurosciences, psychologie et philosophies anciennes se recoupent progressivement.

Ce que je propose ici est la quintessence de ce parcours, fondement de l'approche que j'utilise pour accompagner les personnes à haut potentiel sur cette voie d'évolution individuelle et collective. **Une philosophie de vie pour se rendre la vie belle en créant des liens entre les différents aspects de l'être.** Une subtile combinaison de psychologie des profondeurs, de coaching psychocorporel, de communication non violente et de médecine naturelle au service des besoins les plus essentiels. C'est ce qu'on appelle une démarche intégrale.

Ce guide vous emmène sur cette voie, comme une invitation à voyager au cœur du vivant pour devenir le créateur de votre vie, une véritable aventure humaine et intérieure d'écologie personnelle. Dans une première partie, je vous présenterai la carte du monde dans lequel nous allons naviguer, avant de partager l'itinéraire, le chemin, que je vous propose de suivre. Dans la seconde partie, nous partirons explorer le territoire de notre être conscient et inconscient, au rythme de nos quatre éléments pour les équilibrer et les harmoniser, jusqu'à atteindre le cœur de notre Essence et la rayonner pleinement. Chemin faisant, nous pourrons ainsi contribuer également à l'épanouissement du monde qui nous entoure.

Je vous souhaite un beau voyage.

COMMENT UTILISER CE GUIDE ?

Ce guide ne contient pas de vérité absolue mais plutôt des propositions, des clés que vous pourrez choisir d'utiliser pour ouvrir certaines portes. Du début à la fin, de la fin au début, par élément ou au gré des chapitres qui vous appellent, utilisez-le au fil de vos envies, de vos besoins et de vos intuitions. Quoi qu'il en soit, prenez le temps d'ingérer et de digérer, sinon c'est l'indigestion assurée.

Sans mise en pratique, ce livre ne vous sera honnêtement pas d'une grande utilité. Il n'y a pas de pilule miracle en matière d'épanouissement au long cours, il y a en revanche une formule magique applicable à tout être qui souhaite progresser sur une voie, quelle qu'elle soit :

un peu + souvent = beaucoup

Pour que cette formule fonctionne, **le plaisir doit être au rendez-vous.** Je vous invite donc à faire preuve de douceur avec vous-même, à vous écouter et à ménager la part de vous qui veut bien faire afin de rendre ce voyage le plus agréable possible.

L'exploration proposée se veut progressive, en profondeur, en subtilité et en intensité. Vous trouverez tout au long de ce guide différentes invitations pour vous accompagner.

Vous serez ainsi parfois amené à faire une pause dans votre lecture pour une mise en pratique concrète et rapide. Ces propositions sont indiquées par le symbole :

Pour approfondir certaines notions, je vous invite à aller plus loin ou à faire le point dans quelques apartés.

Vous serez aussi invité à prendre un temps d'introspection, ce sera alors « à vous de jouer ».

Vous trouverez également des pratiques que je considère comme essentielles. Elles sont signalées par le symbole :

Vous trouverez enfin pour chaque élément abordé dans la seconde partie un résumé de l'essentiel à retenir :

- Pour bien vivre au quotidien.
- Pour évoluer sur le long terme.

Et pour vous accompagner plus pratiquement encore dans votre exploration personnelle, je vous ai réservé une surprise. Retrouvez-la directement en scannant le QR code ci-dessous ou sur mon site Internet à l'adresse suivante : https://www.margerieveron.com/equilibre-zebre/

Partie 1

HAUTS POTENTIELS ET SCIENCES DE L'ÉPANOUISSEMENT

« La connaissance s'acquiert par l'expérience, tout le reste n'est que de l'information. » —Albert Einstein

Tout explorateur expérimenté vous dira que la carte n'est pas le territoire. Pour autant, il est parfois bien utile de savoir sur quel type de terrain nous allons nous aventurer et d'avoir une idée de la direction que nous allons suivre avant de nous lancer.

Ce que je vous propose ici est une approche différente, non fondée sur les « spécificités » psychologiques du haut potentiel mais sur la réalité neurophysiologique de celui-ci. Parce que nous sommes des êtres humains avant tout, les conséquences au niveau psychique de cette réalité varient selon l'histoire personnelle de chacun : elles peuvent être aussi bien heureuses que malheureuses. La bonne nouvelle, c'est qu'elles ne sont pas irréversibles.

En réalité, l'intensité ressentie par la majorité des hauts potentiels n'est que la conséquence de la cause première, la spécificité neurobiologique, qui nous fait réagir plus intensément à toutes les stimulations passées à grande vitesse aux filtres de nos « programmes » inconscients.

Voici donc une carte du territoire spécifique que nous allons explorer et le chemin que nous allons suivre pour atteindre cet état de paix intérieure et d'épanouissement auquel nous aspirons tous.

Le haut potentiel : une réalité neurophysiologique

Longuement observé et décrit par les psychologues cliniciens et psychothérapeutes au niveau psychocomportemental, le haut potentiel n'est étudié par les scientifiques que depuis quelques années. Ainsi, la littérature abonde sur le versant psychologique du haut potentiel intellectuel et sensible au point qu'il est facile de se perdre entre idées reçues, contradictions, effet de mode et effet Barnum[5]. Les recherches scientifiques sur la douance démontrent toutefois aujourd'hui une réalité désormais indéniable : le haut potentiel s'explique par une anatomie particulière au niveau cérébral qui permet de comprendre son efficience bien spécifique.

5. Biais cognitif induisant à accepter une vague description de la personnalité comme s'appliquant spécifiquement à soi-même.

La neuro-anatomie de la douance

Chez tous les êtres humains, le cerveau est constitué de :

- 10 % de matière grise : les neurones ;
- 90 % de matière blanche : leurs prolongements, appelés axones et dendrites.

Les neurones sont les cellules nerveuses qui constituent l'élément de base du système nerveux. Ils sont excitables, c'est-à-dire qu'ils ont la capacité de répondre aux stimulations reçues par un autre neurone ou un organe sensoriel par les dendrites. Ils convertissent ces stimulations en information électrique : l'influx nerveux. Celui-ci se propage alors le long de l'axone. L'information est transmise au neurone suivant ou à l'élément organique destinataire de manière biochimique au niveau de la synapse par les neurotransmetteurs.

La substance blanche doit son aspect à la gaine de myéline qui enrobe les axones. Cette gaine assure la conductivité et l'isolation électrique au niveau du système nerveux. Sa présence permet d'accélérer la vitesse de propagation de l'influx nerveux et donc la transmission de la communication entre les cellules nerveuses.

Chez les personnes à haut potentiel intellectuel, l'IRM montre une architecture cérébrale spécifique qui pourrait varier selon les profils haut potentiel intellectuel et haut potentiel sensible.

- Au niveau de la matière grise, on constate une densité de neurones deux fois supérieure à la moyenne dans les lobes frontaux et pariétaux, qui concernent le raisonnement et la sensorialité. Le haut potentiel a une plus grande capacité à capter l'information, mais également une plus grande réactivité en réponse aux stimuli sensoriels.

  On observe aussi une organisation différente des neurones. Cela permet d'obtenir des informations (qu'elles proviennent de l'extérieur ou de l'intérieur) de manière plus rapide ET plus efficace.

- Au niveau de la matière blanche, on observe des axones plus larges, plus denses, mieux organisés, des gaines de myéline plus épaisses qui témoignent d'une activité électrique plus importante : le traitement de l'information est plus rapide. La vitesse de transmission des informations varie selon les individus, les parties du cerveau impliquées et le type d'information à traiter.

La vitesse moyenne de transmission des informations au niveau neuronal se situe en moyenne autour de 2 mètres par seconde, elle augmenterait de 0,05 mètre par seconde par point de QI supplémentaire. Cela représente entre un QI de 100 (la moyenne) et un QI de 130 (le seuil du haut potentiel) une augmentation de 1,5 mètre par seconde. La vitesse de traitement est presque doublée, on peut alors parler de « cerveau à haut débit ».

Avec plus de matières blanche et grise, **la structure du cerveau du haut potentiel est optimisée à la fois pour la sélection et le traitement de l'information.**

Le haut potentiel serait acquis à la naissance, héréditaire – oui mesdames, si vous avez des enfants à haut potentiel, cela pourrait tout aussi bien venir de vous ! Certaines études expliquent cette réalité neurophysiologique par un mode de développement différent du fœtus. La matière blanche se serait constituée plus vite et de manière plus dense en raison d'un taux élevé de testostérone. Cette hormone présente chez l'homme comme chez la femme en proportion variable inhibe le développement de certaines parties de l'hémisphère gauche du cerveau, entraînant un développement compensatoire d'autres aires.

L'efficience du cerveau « haut potentiel »

La conséquence première de ces spécificités structurelles et fonctionnelles est que le cerveau du haut potentiel est avant tout un cerveau à haut potentiel électrique ! L'épaisseur des gaines de myéline en témoigne : elles conduisent une plus grande quantité d'influx nerveux.

Cela rend le cerveau à haut potentiel hyperexcitable. Ce « bouillonnement cérébral » peut, d'après les travaux du psychiatre Kazimierz Dabrowski, se manifester sous cinq formes différentes selon les individus :

- **hyperexcitabilité psychomotrice :** grande énergie, curiosité, difficulté à rester assis, besoin constant de changement ;
- **hyperexcitabilité sensuelle :** grande sensibilité aux perceptions sensorielles ;
- **hyperexcitabilité imaginative :** tendance à la rêverie, vie intérieure riche, grande créativité ;
- **hyperexcitabilité intellectuelle :** habileté pour les analyses et synthèses, questionnements prégnants, besoin d'apprendre par soi-même ;
- **hyperexcitabilité émotive :** émotions intenses, forte empathie.

Les études sous IRM montrent également que le cerveau du haut potentiel utilise ses deux hémisphères de manière plus efficace : la coopération et l'interaction sont meilleures pour certaines tâches. Par exemple, lors du raisonnement analogique, on observe que des aires cérébrales supplémentaires sont sollicitées pour résoudre les cas de complexité particulière. Pour d'autres activités, on observe que certaines aires frontales et pariétales sont utilisées plus efficacement : moins actives pour le traitement des tâches faciles, elles deviennent plus actives pour les tâches plus difficiles.

L'hippocampe est aussi particulièrement efficient, ce qui optimise l'analyse contextuelle, l'apprentissage, le discernement, la mémoire épisodique, la modulation émotionnelle.

Avec un seuil de détection plus bas des sensations externes et internes, l'amygdale, qui participe à la génération des émotions, a une forte réactivité initiale. On observe ainsi une activation plus importante dans les régions de l'empathie, de la conscience de soi et de l'autre. Nous verrons avec l'élément Eau (voir p. 110) que cela a des conséquences particulières au niveau émotionnel pour le haut potentiel sensible.

Avec une consommation de glucose proportionnellement moins importante que la moyenne compte tenu de l'intensité de l'activité, le cerveau du haut potentiel a également un meilleur rendement. Globalement surefficient, on constate donc aujourd'hui que le cerveau haut potentiel est optimisé pour fonctionner en puissance !

Les études montrent des fonctions cérébrales supérieures à la moyenne dans les domaines suivants : mémoires de travail et à long terme, vocabulaire, capacités visuo-spatiales, capacités d'attention, résolution de problèmes, créativité, temps de réponse et empathie.

En revanche, ce que ne nous montre pas la recherche avec suffisamment de détails, c'est la différence observable d'un individu à l'autre. En effet, comme le souligne en conférence Pascale Michelon, docteure en neurosciences : « *Si l'intelligence est un ensemble de fonctions cérébrales sous-tendues par différentes zones du cerveau ; si chez certaines personnes elles sont plus efficaces que d'autres ; alors on peut retrouver des degrés de haut potentiel différents et pour des fonctions différentes selon les personnes.* »

Le haut potentiel, qu'il soit intellectuel ou sensible, est donc un spectre dans lequel se trouvent différents niveaux d'efficience et d'excitabilité dans différentes sphères.

Ainsi, la recherche actuelle ne nous donne qu'une esquisse de carte. Chaque territoire, chaque individu étant spécifique, la généralisation à outrance est par conséquent à éviter en matière de haut potentiel. C'est pour cela qu'il est utile de revenir à l'essentiel : notre humanité.

Le cerveau : un puissant logiciel à trois programmes

La psyché humaine étant un sujet complexe, nous partons explorer un véritable univers, un espace multidimensionnel. Simplifier, schématiser peut alors aider à appréhender nos profondeurs avec un peu de hauteur. Le cerveau peut être vu comme un super ordinateur qui fait tourner un logiciel de manière autonome, comme un pilote automatique, pour assurer notre survie et économiser notre énergie au maximum.

Depuis notre conception, héritages génétiques, familiaux, sociétaux, religieux, culturels, éducatifs et expériences passées sont enregistrés et agencés par ce logiciel qui s'autoprogramme selon une intelligence qui lui est propre, afin de constituer notre système de survie. Ainsi, nous ne réagissons pas au présent en fonction de la réalité, mais en fonction d'une mémoire, d'un programme, qui nous fait agir parfois de façon peu appropriée aujourd'hui. Le logiciel est également doté d'un puissant système de protection contre toute mise à jour intempestive : le mécanisme de résistance.

Schématiquement, ce logiciel est constitué de trois programmes : le cerveau primitif, le cerveau limbique et le néocortex. Chacun assure un rôle bien précis avec un langage qui lui est propre et tente de collaborer de façon optimale avec les autres.

Le cerveau primitif

Le cerveau primitif, aussi appelé archaïque ou reptilien, assure la survie de l'organisme. Il veille aux fonctions vitales et gère le danger pour assurer la sécurité de l'être. C'est le lieu de naissance des peurs profondes, des instincts primaires et des réflexes traumatiques. Pour lui, familiarité = sécurité : il est à l'aise avec ce qu'il connaît. Il n'a pas vraiment de notion du temps linéaire (passé/présent/futur).

Le cerveau primitif parle en termes de mouvements et sensations. Pour évoluer, il sera donc parfois nécessaire de bouger et d'intégrer les sensations dans la réalité du moment présent, pour ne plus tourner en boucle dans le passé. Nous en parlerons plus en détail au fil de l'exploration de l'élément Terre (voir p. 86).

Le cerveau limbique

Le cerveau limbique est le siège des souvenirs, des habitudes et de l'attachement. C'est lui qui gère l'expression de nos émotions, notamment par la cascade hormonale des neurotransmetteurs générée par l'amygdale. Il acquiert une manière de réagir par la répétition des événements et des réponses apportées. Son moteur est le désir et le bien-être affectif. Nous en parlerons plus en détail au fil de l'exploration des éléments Eau et Feu (voir pp. 110 et 148).

Le cerveau limbique a pour langage les émotions. C'est pour cela qu'il est important de les apprivoiser toutes, même celles qui ne nous sont pas toujours agréables à vivre, parce qu'elles nous offrent la possibilité d'activer ou de guérir ce qui a besoin de l'être. Nous avons besoin de ressentir pour grandir.

Le cerveau primitif et le cerveau limbique constituent ensemble ce que l'on appelle **les profondeurs**.

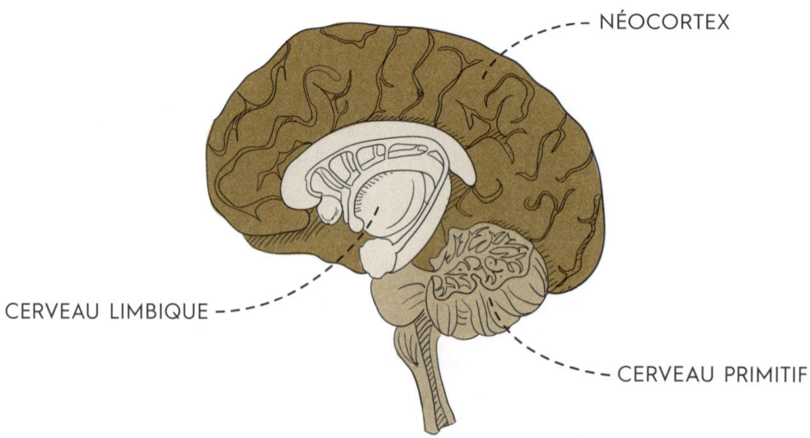

Le néocortex

Le néocortex représente 76 % de notre cerveau, c'est pourtant la partie la moins influente. On lui a fait la part belle depuis Descartes car c'est celui qui raisonne, organise, planifie. Il rationalise tout ce qui nous arrive pour donner du sens : il analyse, se raconte une histoire qui valide ses interprétations, s'oriente vers le passé ou le futur.

Bien qu'il puisse être hyperactif, il n'est pas nécessairement réellement productif puisque 90 % de nos pensées sont recyclées de la veille. Le néocortex est le siège de ce que l'on appelle le « mental ». Il peut nous emmener vers des pensées peu serviables, comme les critiques, jugements ou croyances limitantes, voire nous couper de nos désirs lorsque la peur domine. Il est alors en mode survie, souvent incompatible avec le mode épanouissement dans lequel ces désirs peuvent devenir réalité. Pour avancer, il sera nécessaire de faire évoluer ce système de pensées. C'est ce que nous verrons avec l'élément Air (voir p. 44).

À la lumière des différences fondamentales existant entre ces trois cerveaux qui cohabitent à l'intérieur de chacun d'entre nous, on comprendra que le changement ne pourra s'installer durablement que si l'on s'adresse à chacune de ces parties de soi. C'est le propre des démarches intégrales : elles incluent toutes les parties de l'être.

Tant que nous ne sommes pas pleinement satisfaits de notre vie, c'est qu'un programme interne demande à être mis à jour.

Nous verrons au fil de ce guide que plus nous descendrons dans nos profondeurs pour mettre en lumière nos programmes inconscients, plus nous pourrons nous rapprocher de nos aspirations et de notre Essence afin d'être réellement libre de vivre ce que nous souhaitons vraiment. C'est ce chemin que les sciences humaines de l'épanouissement nous invitent à emprunter.

Sciences humaines de l'épanouissement

Les sciences humaines s'opposent traditionnellement aux sciences naturelles, dites exactes. Elles visent à comprendre le monde humain. Si leur champ est vaste, de façon usuelle on pense surtout à la psychologie et à la sociologie. Voyons donc maintenant ce que ces sciences ont à nous apprendre sur ce qui est nécessaire à l'épanouissement de l'être humain et le chemin à suivre pour devenir pleinement qui l'on est.

De quoi a-t-on besoin pour s'épanouir ?

Toute action qu'entreprend un être vivant a pour objectif de satisfaire un besoin. Les besoins sont ainsi des forces motrices innées qui mobilisent le vivant pour permettre sa croissance et son épanouissement.

Au niveau de l'être humain, les besoins sont universels : nous avons tous les mêmes besoins, ils ne s'expriment simplement pas forcément au même moment et avec la même intensité. Ce qui peut varier, ce sont les stratégies, les moyens que nous utilisons pour les nourrir.

Ces besoins universels désignent autant ce qui est indispensable à notre vie sur le plan physiologique (manger, boire, dormir...) que nos besoins de protection et de sécurité (affective, sociale, matérielle), ou encore nos besoins d'accomplissement personnel et collectif.

La liste des besoins la plus connue est celle d'Abraham Maslow, psychologue américain considéré comme le père de l'approche humaniste en psychologie. Bien que souvent présentés sous forme de pyramide après sa mort, les besoins n'ont pas de hiérarchie entre eux, pas plus qu'il n'en existe de liste exhaustive. Je vous propose ici une carte des besoins traditionnellement partagée dans le milieu de la communication non violente[6].

6. Les ressources de ce livre liées à la communication non violente proviennent du Center for Nonviolent Communication de Marshall Rosenberg ; https://www.cnvc.org

Le terme « besoin » peut sembler induire une notion de manque. En réalité, les besoins sont nos aspirations profondes, ce qui contribue à notre épanouissement personnel. Ainsi **notre capacité à nous rendre la vie belle dépend de notre capacité à nous connecter à nos besoins.**

Les besoins ne sont attachés ni à une personne ou un objet, ni à une action, à un lieu, à un moment ou à une action en particulier. Il y a des milliers de moyens différents de les nourrir chacun. Pour vous aider à identifier les besoins sous vos envies au fil de votre exploration, vous trouverez à la page suivante les principaux besoins humains, ces élans vitaux qui nous animent.

Les besoins humains, ces élans qui nous mobilisent dans le sens de notre épanouissement

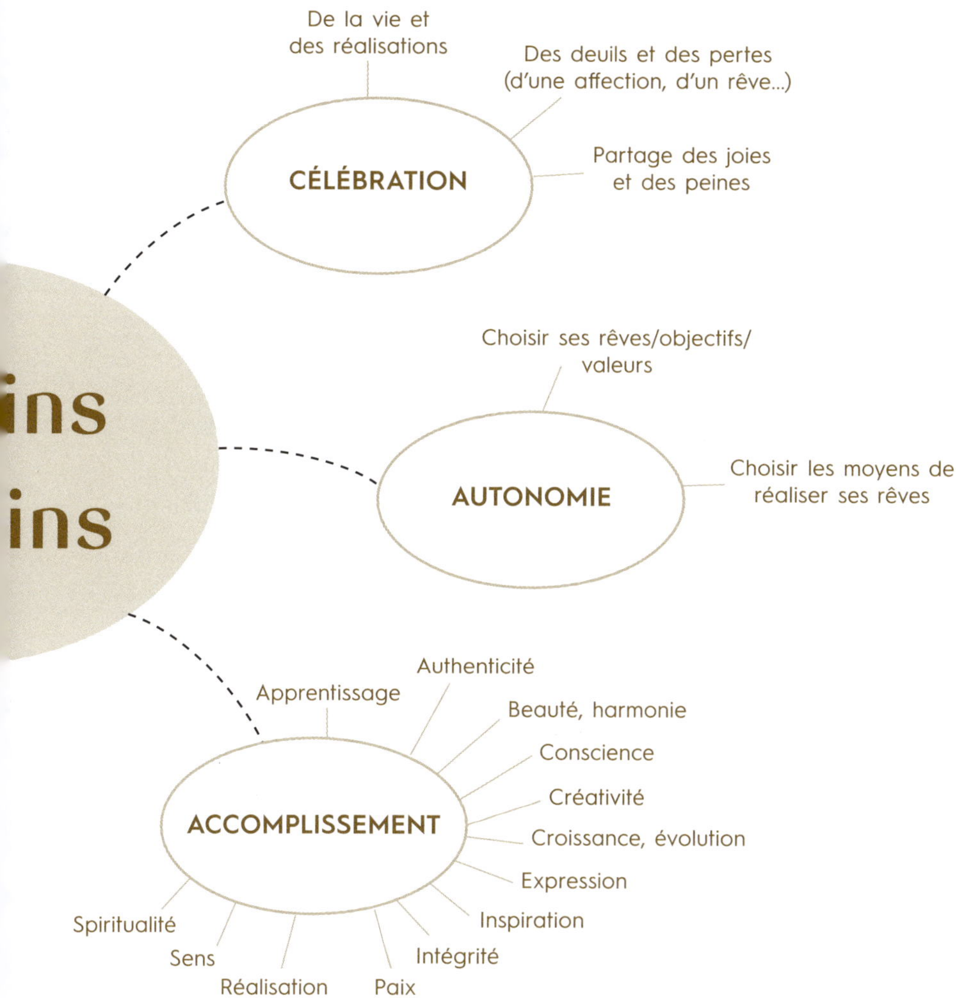
De la vie et des réalisations
Des deuils et des pertes (d'une affection, d'un rêve...)
CÉLÉBRATION
Partage des joies et des peines
ins
ins
Choisir ses rêves/objectifs/ valeurs
AUTONOMIE
Choisir les moyens de réaliser ses rêves
Authenticité
Apprentissage
Beauté, harmonie
Conscience
Créativité
ACCOMPLISSEMENT
Croissance, évolution
Expression
Inspiration
Spiritualité
Sens
Intégrité
Réalisation
Paix

Comment devient-on qui l'on est ?

Carl Gustav Jung, psychanalyste, entre autres auteur de *L'Enfant doué* et élève de Freud avant de devenir le père de la psychologie des profondeurs, avait une vision globale de l'individu. Il considérait l'inconscient comme source du potentiel créatif de l'homme. Alors que notre conscient veut s'ouvrir à de nouvelles opportunités, le dialogue est permanent avec l'inconscient, en charge de donner des permissions au conscient de satisfaire tel ou tel besoin.

Pour Jung, l'inconscient de l'être humain est psychiquement constitué de cinq éléments principaux :

- La **Persona** ou **faux self** est le masque social, le rôle, la partie de la personnalité qui permet d'adapter son identité aux différentes situations sociales afin de satisfaire aux attentes réelles ou imaginaires des autres. Ses domaines de prédilection ? L'apparence, l'image corporelle, la famille, la paternité/maternité, l'éducation des enfants, l'argent et le travail, la santé physique et mentale, la sexualité, le vieillissement, la religion, les stéréotypes et étiquettes, l'expression des opinions et les traumatismes.
- Le **Moi** ou l'**Ego**, le **Je** est la partie consciente du psychisme qui représente l'identification de la personne avec son corps, ses émotions, ses expériences de vie et ses souvenirs. Il aide à développer une personnalité individuelle, une identité, un sens de soi permanent. C'est l'image que nous avons de nous-même.
- L'**Ombre** est la partie du Moi qui a été refoulée dès l'enfance, par souci d'adaptation ou crainte d'être rejeté par les personnes importantes de notre vie. Elle représente ce qui est réprimé, déprécié ou caché par la Persona. Ce peut être des émotions, des comportements, des habiletés ou des qualités intrinsèques. L'Ombre devient ainsi notre part secrète, voire inconnue et mal-aimée.
- L'**Anima** et l'**Animus** sont notre couple de gardiens du Soi. Symboliquement, l'un représente notre partie réceptive, le yin (éléments Eau et Terre). L'autre représente la partie active, le yang (éléments Air et Feu).

- Le **Soi** est le centre du psychisme. C'est la totalité des possibilités, la source des talents, l'Essence qui nous anime et nous incite à évoluer au cours de notre vie. C'est la part la plus sage qui nous guide au plus profond.

Selon Jung, **la liberté intérieure s'acquiert en invitant le Moi à se déplacer de son centre d'adoption, la Persona, vers son centre réel, le Soi,** en se délestant progressivement du poids des mémoires et conditionnements transpersonnels, émotionnels et psychologiques, dont nous sommes chargés depuis la naissance. Ce « processus d'individuation » est un chemin de conscientisation de l'inconscient qui amène à l'harmonisation des contradictions internes. Il se vit en cinq étapes.

» Première étape : la survie

À ce premier stade, nous nous sentons bien intégré, notre comportement est prédictible. Nous ne vivons pas de conflit intérieur. Nos valeurs sont fondées sur les règles sociales de la culture dans laquelle nous évoluons. Nous ne percevons pas de différence entre « ce que nous pourrions être » et « ce que nous sommes » : nous sommes ce que les autres veulent que nous soyons.

C'est la phase d'adaptation qui correspond à l'enfance et au premier temps de la vie d'adulte, quand nous apprenons à obtenir une sécurité matérielle et affective en réglant notre comportement en fonction de ce qui est attendu de nous. Cette tendance conduit à adopter un personnage qui ne reflète pas la totalité de l'Être, la Persona, le faux self. Une partie de nous est alors niée, refoulée dans notre inconscient, dans l'Ombre.

Environ 60 à 70 % de la population restent à cette étape toute leur vie.

» Deuxième étape : la différenciation

On passe généralement au deuxième niveau lors des périodes de grands changements, interne ou externe. C'est une phase d'affirmation de notre différence et de notre identité. Nous commençons à comprendre que le personnage que nous avons adopté nous étouffe. L'Ombre qui sommeille en profondeur se rappelle à nous par vagues de mal-être.

Nous connaissons alors de nombreux conflits intérieurs sans en avoir conscience, notre situation est inconfortable. Nous n'avons pas vocation à stagner ici : soit nous retournons à l'état de survie pour notre « confort », soit nous avançons dans notre construction interne.

Troisième étape : la construction

Nous commençons à réévaluer notre parcours et à tout remettre en question. Notre Persona se fissure, le masque tombe pour laisser émerger les parties refoulées. À ce stade, nous commençons à conscientiser nos conflits internes, à prendre conscience du décalage qui peut exister entre nos comportements, nos pensées et nos émotions. Nous vivons à la fois sur la base des valeurs du groupe social auquel nous appartenons, mais aussi sur la base de nos valeurs personnelles, qui commencent à émerger et se hiérarchiser.

Nous nous sentons en décalage avec notre entourage, la société, nos amis, la famille. Nous pourrons connaître un sentiment de honte, de culpabilité, nous sentir inférieur ou nous dévaloriser lorsque nous nous conformerons à leurs attentes. À d'autres moments, nous aurons un véritable sentiment de fierté lorsque nous aurons agi selon nos propres désirs profonds.

On peut connaître de fortes phases de nervosité, d'anxiété, de dépression, de compulsion, de troubles psychosomatiques ou d'addictions diverses. Les émotions à ce stade peuvent être très intenses. Selon Dabrowski, ce sont des symptômes positifs de l'effondrement d'une structure psychologique devenue obsolète, des signes d'une restructuration interne. L'individu est donc sur le bon chemin, celui de la réalisation de Soi, de l'individuation. Il est essentiel de ne pas en rester là. C'est généralement arrivé à ce stade que l'on choisit de se faire accompagner.

» Quatrième étape : l'harmonie

À présent, on met en pratique les prises de conscience du niveau précédent. On développe une certaine connaissance de soi ainsi qu'un certain recul sur soi-même : on devient à la fois l'observateur et l'observé. C'est le début de la réconciliation, de l'intégration des opposés. La Persona et le Soi commencent à dialoguer. L'individu peut réorganiser ses priorités et développer ses potentiels.

À ce stade, les conflits internes existent mais nous sommes la majeure partie du temps en capacité d'agir selon nos propres valeurs. Nous sommes de plus en plus cohérents, congruents. Nous sommes plus calmes, sereins. Nous avons une profonde envie d'agir en étant nous-même. Nous voyons clairement « ce que nous sommes » et « ce que nous devrions être » et nous parvenons à réconcilier les deux : nous voulons devenir.

» Cinquième étape : la transcendance

Tout est intégré, l'individu est aligné : il agit 100 % du temps selon ses propres valeurs personnelles. À ce stade, nous savons qui nous sommes et où nous allons. Nous sommes à la place que nous avons choisie et nous tendons vers notre idéal. Nous nous sentons complet, acceptant nos imperfections et nos désirs contradictoires. Nous sommes autonomes et sincèrement humbles. Nous appréhendons nos propres caractéristiques et comportements dans un contexte de développement permanent. Nous dirigeons la majorité de nos pensées et actions vers la réalisation de la version la plus authentique de nous-même, en toute objectivité.

Nous accueillons nos émotions et ressentis sans les juger. Nous nous interrogeons sur notre raison d'être et notre utilité au sein du collectif. Nous nous sentons relié au vivant : la dimension spirituelle est réinvestie.

Quel que soit le stade où vous en êtes aujourd'hui, la partie que nous allons maintenant aborder vous permettra d'avancer sur ce chemin d'individuation, dans le respect des besoins fondamentaux de l'être humain, en tenant compte des spécificités neurobiologiques du haut potentiel comme de la complexité de la programmation cérébrale de tout être humain.

Partons donc maintenant explorer le territoire.

Partie 2

ÉQUILIBREZ VOS ÉLÉMENTS POUR RÉVÉLER VOTRE ESSENCE

« Regardez profondément dans la nature et alors vous comprendrez tout beaucoup mieux. » —Albert Einstein

Les quatre éléments sont le fondement de la Nature elle-même, la métaphore est dès lors universelle. Les Anciens, Égyptiens, Grecs, Hindous, Tibétains et Chinois étaient ainsi déjà familiers de ces concepts. Hippocrate, père de la médecine moderne, a lui aussi parlé d'une médecine des quatre éléments. Même si la médecine occidentale s'en est bien éloignée, beaucoup de systèmes thérapeutiques parallèles ont conservé cette approche naturaliste.

En effet, l'idée de tout processus global, intégratif, est de faciliter la guérison et la transformation à tous les niveaux, d'apaiser la relation entre les différents aspects de l'être, afin de trouver équilibre et harmonie au présent.

Les quatre éléments seront donc nos guides au fil de notre exploration :

- l'**Air** nous enseignera les secrets du discernement et de la pensée claire, il nous apprend à canaliser notre mental ;
- la **Terre** nous enseignera les secrets de notre matière et de nos sensations, elle nous invite à apprivoiser notre corps ;
- l'**Eau** nous enseignera les secrets de nos émotions et du message qu'elles véhiculent, elle nous permet de les fluidifier ;
- le **Feu** nous enseignera les secrets du passage à l'action, afin d'avancer dans une direction qui a du sens pour nous.

En jouant habilement avec le Feu et l'Air et en descendant dans les profondeurs de la Terre et de l'Eau, nous nous rapprochons de notre vraie nature. C'est ce que toutes les philosophies ajoutent dans leur dimension spirituelle, le cinquième élément, la quintessence : l'**Éther**.

L'Éther nous enseignera alors le secret pour rayonner la beauté et la richesse de notre être le plus profond, notre Essence.

1. AIR
CANALISEZ VOTRE MENTAL

Imaginez le vent qui vient caresser votre peau, comme une douce brise, à la température la plus agréable pour vous. Sentez cet air sur votre corps, votre visage. Ressentez son parcours à l'intérieur de votre corps, entrant par les narines, descendant à l'intérieur pour remplir vos poumons. Sentez-le parcourir le chemin inverse à l'expiration. Imaginez maintenant que cet air entre dans votre tête, comme pour la nettoyer des pensées qui vous encombrent parfois...

L'élément Air représente l'activité mentale, nerveuse, intellectuelle.

Le haut potentiel, avec son système nerveux à « haut débit électrique », a un besoin tout particulier de vigilance à ce niveau-là : gérer son système nerveux au quotidien devrait être l'un de ses principales priorités. Le système nerveux apaisé, il pourra alors choisir d'observer et de conscientiser ses pensées afin de les faire évoluer lorsqu'elles le desservent, pour pouvoir s'épanouir.

Bienvenue dans le monde de la légèreté, de la liberté et du mouvement, bienvenue au cœur de l'élément Air !

L'élément Air

L'élément Air a une énergie légère, vive et dispersée. Son mouvement va vers le haut et l'extérieur. C'est un élément insaisissable, invisible, impalpable. Il représente l'énergie intellectuelle et mentale : les idées, les concepts et les pensées, le langage et la communication.

Lorsque l'élément Air est en excès, nous connaissons souvent l'éparpillement, la confusion, les idées en tous sens, le bavardage, l'agitation, la difficulté à nous fixer ou à prendre de la distance.

Au contraire, lorsqu'il est en carence, nous pouvons connaître des difficultés de communication, l'évanescence et la naïveté.

Lorsque l'élément Air est en équilibre, nous faisons preuve de discernement, les idées sont claires, nous savons les trier et les hiérarchiser. La communication est fluide, le message passe. Peuvent aussi être présentes légèreté, inspiration, idées innovantes, prise de hauteur, ouverture et sagesse.

Le besoin fondamental qu'il nous permet d'assurer en premier lieu est notre besoin de sécurité, qu'elle soit physique, affective ou sociale. Les questions qui sous-tendent alors cet élément sont : **suis-je en sécurité ? Quelle part de Moi se sent menacée là, maintenant ?**

Il implique de connaître ce qui nous sécurise et nous ressource.

Apprivoiser son système nerveux

Avant de s'adresser à la part de nous qui veut s'épanouir, il est nécessaire de faire connaissance avec celle qui cherche à survivre à tout prix, guidée par notre système nerveux autonome. Nous l'avons vu en première partie, cette partie de nous fonctionne selon une programmation qui lui est propre, faite de nos apprentissages, expériences, conditionnements, et automatismes passés.

Traditionnellement, on divise le système nerveux autonome en deux branches :

- la **branche sympathique**, l'accélérateur de l'organisme, qui nous mobilise et répond aux changements de l'environnement extérieur ;
- la **branche parasympathique**, le frein de l'organisme, qui régule le système et réagit aux stimulations venant de l'organisme lui-même (le « corps viscéral profond »).

C'est notre système de surveillance interne : le système nerveux scanne en permanence l'environnement interne et externe à la recherche d'indices de menace vitale pour provoquer si nécessaire une réponse sans impliquer les parties conscientes de notre cerveau. Ensemble, ces branches régulent nos fonctions vitales[7] pour nous permettre de survivre dans les meilleures conditions compte tenu du contexte.

En fonction de la manière dont il interprète l'environnement à travers le filtre de sa programmation, le système nerveux peut ainsi déclencher trois types de réponses[8] :

- s'il se sent en DANGER, il nous mobilise pour répondre à ce danger ;
- s'il sent sa SURVIE menacée, il nous immobilise parce que cela semble le seul moyen d'échapper à ce qu'il a interprété comme une menace vitale ;

7. Respiration, digestion, vision, ouïe, filtration, excrétion, thermorégulation, répartition des liquides dans le corps, rythme cardiaque, système immunitaire et processus inflammatoires, etc.
8. Théorie polyvagale du Dr Porges qui affine la conception traditionnelle du système nerveux, en subdivisant le nerf vague, véhicule majeur du système nerveux parasympathique, en branches vagale ventrale et vagale dorsale.

- s'il se sent en SÉCURITÉ, nous sommes en paix et en lien, nous nous engageons socialement.

Chacune de ces réponses a un rôle essentiel dans notre quotidien, qu'il s'agisse d'agir, d'interagir ou de nous régénérer. À court terme, chacun de ces modes nous est utile. Sur le long terme, passer l'essentiel de notre temps en mode Sécurité est la clé pour vivre une vie épanouissante.

Le mode Danger

Lorsque nous nous sentons en danger, le système nerveux nous mobilise en vue d'une action défensive. Nous avons deux options en fonction de ce que nous permet de faire la situation et de notre stratégie de défense habituelle : **combattre ou fuir**.

Au niveau physique, ce mode est celui de l'hyperactivation. Il augmente le rythme cardiaque et la tension artérielle, l'énergie disponible, la sécrétion d'adrénaline, la circulation d'oxygène vers les organes vitaux, la coagulation, la taille des pupilles, etc.

Cortisol et noradrénaline dominent. Cela diminue automatiquement le stockage d'énergie, la digestion, la salivation et la réponse immunitaire. Le souffle est court et peu profond.

Trop souvent ou chroniquement activé, il empêche donc le système immunitaire et le système entérique de fonctionner correctement. Rester dans ce mode sur la durée peut ainsi entraîner des problèmes de digestion et une plus forte vulnérabilité face aux infections, mais des maladies auto-immunes ou cardiaques, une forte tension artérielle, des problèmes de sommeil, une prise de poids, des maux de tête, des tensions chroniques au niveau du cou, des épaules et du dos, etc.

Au niveau émotionnel, on peut se sentir frustré, irrité, en colère, voire en rage. Cela amènera une attitude combative. On peut aussi se sentir préoccupé, se faire du souci, voire être anxieux, angoissé ou paniqué. Cela entraînera le plus souvent une attitude fuyante.

Au niveau relationnel, le monde extérieur et l'autre sont perçus comme dangereux ou inhospitaliers. C'est dans ce mode que naissent les relations de pouvoir dominant-dominé : on se rebelle ou on se soumet. On entend plus difficilement le son des voix amicales, on perd le contact des yeux, une certaine détresse relationnelle commence à naître.

Sens des actions : énergie et dynamisme sont au rendez-vous. On est en mouvement, soit pour se rapprocher de quelque chose ou de quelqu'un, soit pour s'en éloigner. Compte tenu de l'urgence, on peut connaître des difficultés à se concentrer ou aller au bout de ses actions.

Le mode Survie

Dernière voie de recours lorsque nous nous sentons piégé et que rien d'autre ne fonctionne : se figer, s'immobiliser. On peut ainsi « faire le mort » comme tant d'autres animaux qui feignent d'être sans vie face à la menace trop intense ou être sidéré comme le lapin pris dans les phares d'une voiture.

Au niveau physique, ce mode est celui de l'hypo-activation. Il diminue le rythme cardiaque, la tension artérielle, la température corporelle, le tonus musculaire, la libido et la réponse immunitaire.

Il augmente le stockage d'énergie. Le corps sécrète plus d'endorphines, des hormones qui favorisent l'anesthésie et augmentent le seuil de tolérance à la douleur.

Cela provoque des réactions d'immobilisation et de réduction du métabolisme qui, si elles se prolongent, peuvent avoir des conséquences sur la santé comme la fatigue chronique, la fibromyalgie, les problèmes de digestion, une tension artérielle faible, le diabète de type 2 et une prise de poids.

Au niveau émotionnel, on peut se sentir honteux, piégé ou sans espoir mais aussi perdu, abandonné, seul avec son mal-être. Confus, trop fatigué pour penser ou agir, on se réfugie dans un état où l'on ne sent plus rien, où l'on n'existe plus vraiment : c'est une façon de s'échapper lorsqu'il ne semble pas y avoir d'échappatoire. La dépression peut parfois s'installer.

Au niveau relationnel, on peut voir le monde comme vide, noir, mort, obscur. Le visage est assez inexpressif, le contact des yeux presque inexistant, les intonations sont mornes. Difficile d'être en lien dans ces conditions, l'isolement affectif et social est alors prégnant. On se renferme sur soi en sortant du lien.

Sens des actions : le sentiment d'impuissance est grand, on pense qu'on ne peut pas agir. On manque clairement d'énergie, y compris pour effectuer les tâches du quotidien.

Le mode Sécurité

Ce mode Sécurité est l'état auquel nous aspirons au fond de nous. C'est celui de la paix intérieure, de la joie et de l'ouverture, mais aussi de la connexion et de l'empathie.

Au niveau physique, ce mode augmente la motilité intestinale donc la digestion, la réponse immunitaire donc la résistance aux infections, le repos et la récupération, la circulation sanguine vers les organes non vitaux (peau, extrémités), la sécrétion d'ocytocine, l'hormone impliquée dans le lien social qui permet l'immobilité sans peur : l'intimité.

Ce mode diminue les réponses défensives. Le rythme cardiaque et la tension artérielle sont régulés, la respiration plutôt complète.

Au niveau émotionnel, on se sent aimé, calme, sociable, heureux, actif, intéressé, présent, ancré, curieux, ouvert. On ressent une sensation générale de bien-être. On voit le monde comme un lieu sûr, amusant et paisible.

Au niveau relationnel, on est connecté à ses expériences, ses émotions et ses ressentis. On a une vue d'ensemble des choses et on est connecté au monde et aux gens qui l'habitent. On peut aller vers les autres. Le contact visuel est facile, le visage et la voix sont expressifs. On reconnaît les visages de ses amis, on arrive à centrer son attention sur les conversations en excluant les bruits extérieurs.

Sens des actions : on est organisé, on réalise nos projets, on s'occupe de nous, on prend le temps de s'amuser, d'interagir avec les autres. On se sent productif avec le sentiment de bien gérer les événements.

Comment ces trois modes s'articulent-ils en pratique ?

Le changement faisant partie inhérente de la vie, nous faisons généralement des allers-retours entre ces différents modes plusieurs fois au cours d'une même journée. Certains de ces modes se quittent et se retrouvent plus vite (Danger et Sécurité) ; d'autres s'installent plus lentement (Survie).

Ainsi, en cas de stress, nous commençons par lutter ou fuir. Nous adoptons alors des comportements plus agressifs. Irritation puis colère apparaissent, à moins que nous ayons plutôt tendance à adopter des comportements de fuite, comme éviter de s'engager ou de communiquer, être hyperactif, ou abuser des paradis artificiels par exemple.

Puis, progressivement, si nous nous trouvons dans un environnement qui n'est toujours pas sécurisant pour nous, que nos relations sociales ne sont pas épanouissantes et que nous sommes sous stress en permanence, ce sont nos réflexes les plus archaïques qui entrent en jeu. Nous finissons par « faire le mort » : isolement, dépression s'installent.

Les différents modes de fonctionnement du système nerveux s'organisent de façon linéaire, comme une échelle. Grâce à la plasticité cérébrale, nous pouvons toujours apprendre de nouvelles manières de penser et d'agir. Pour revenir du mode Survie au mode Sécurité, nous devons parfois repasser par le mode Danger. Ne soyons donc pas surpris de voir ressurgir nos colères après une phase d'immobilisation : c'est un processus naturel.

À VOUS DE JOUER

Nous sommes tous différents, nous avons tous des façons de réagir qui nous sont propres. Je vous propose donc de vous approprier la description théorique de chacun des trois modes de réponse du système nerveux pour qu'elle reflète le plus possible votre réalité.

Comment réagissez-vous en mode Danger ? Que ressentez-vous au niveau physique ? émotionnel ? relationnel ? Que faites-vous comme action ?

Par exemple : je serre les mâchoires et les poings, je fronce les sourcils, je me sens prêt à bondir pour attaquer et je le fais verbalement ! Ou bien je fuis la scène en la quittant ou en ne disant rien, je commente dans ma tête. Je conceptualise des projets sans jamais les concrétiser, j'ai des tonnes de pages de notes !

....

....

....

....

....

....

....

Et en mode Survie, comment réagissez-vous ? Que ressentez-vous au niveau physique ? émotionnel ? relationnel ? Que faites-vous comme action ?

Par exemple : mon corps s'affaisse, ma tête descend dans les épaules, j'ai la « boule au ventre », je dis « ça va » alors que ça ne va pas du tout, je me dis que je devrais exprimer ce que je ressens mais je n'y arrive pas du toutE alors je m'enferme chez moi et refuse le contact avec les autres en ne répondant plus à leurs sollicitations. Je me coupe de mon corps en plongeant dans la recherche d'information, j'anesthésie mes sensations avec l'alcool, une drogue, un médicament.

....

....

....

....

....

→

....

....

Enfin, comment réagissez-vous en mode Sécurité ? Que ressentez-vous au niveau physique ? émotionnel ? relationnel ? Que faites-vous comme action ?

Par exemple : je suis en paix, je souris et prends plaisir à échanger, je vois la vie comme un terrain de jeu, je prends le temps, je me fais plaisir et j'apprécie de faire plaisir à l'autre, j'avance dans mes projets avec confiance, pas à pas.

....

....

....

....

....

....

....

Félicitations, vous venez d'esquisser une carte de votre propre territoire !

Identifier son mode de l'instant

Identifier son mode réactionnel de l'instant permet de prendre de la distance afin de pouvoir agir, ou pas, en conscience en cas de besoin. Pour savoir dans quel mode notre système nerveux se trouve à un instant T, il est nécessaire de nous observer intérieurement. On appelle cela l'intéroception. Il s'agit alors de plonger à l'intérieur de soi.

★ PRATIQUE FONDAMENTALE : PRENEZ VOTRE MÉTÉO INTERNE

Fermez les yeux si cela est possible pour vous, et, un peu comme si vous vouliez établir votre bulletin météo interne, observez...

- votre respiration : où se place-t-elle ? Quelle est son amplitude ?
- les sensations dans votre corps : êtes-vous globalement tendu ou détendu ? Quelles sont les zones que vous ressentez le plus ?
- les émotions présentes : votre cœur vous semble-t-il ouvert ou fermé ? Comment nommeriez-vous votre sentiment global ?
- les pensées qui traversent votre esprit : êtes-vous présent ou distrait ? À quelle vitesse les pensées fusent-elles ? Où vous emmènent-elles ?

Alors, là maintenant, dans quel mode êtes-vous : Danger, Survie ou Sécurité ?

Avec la pratique, vous découvrirez des nuances de plus en plus subtiles vous permettant de prendre conscience de plus en plus rapidement que vous êtes sorti du mode Sécurité. Plus vous serez conscient de petites variations réactionnelles, plus tôt vous pourrez intervenir sur la boucle dans laquelle vous avez été entraîné inconsciemment.

Gérer son cerveau à haut potentiel électrique

Avec un système nerveux particulièrement excitable donc hyperréactif, le haut potentiel a un besoin de régulation important pour ne pas s'éloigner trop rapidement de sa « fenêtre de tolérance ». L'objectif de la régulation du système nerveux est ainsi de revenir à un état où le système n'est ni hyper ni hypo activé. Souvent, la priorité chez le zèbre sera de réguler le système parasympathique en premier lieu.

Cela passe avant tout par le nerf vague, chef d'orchestre de l'équilibre du système nerveux autonome, l'un des liens physiologiques entre le corps et l'esprit. Ce nerf[9] est le plus long du corps et innerve tous les

9. Paire de nerfs crâniens en réalité. Le nerf vague est aussi appelé nerf pneumogastrique.

organes vitaux. 80 % des informations qu'il véhicule remontent des organes vers le cerveau. La transmission des sensations et émotions se fait donc également *via* ce nerf entre le cœur, le cerveau et les intestins, ce qui explique une forte réaction viscérale aux états émotionnels intenses chez le haut potentiel sensible en particulier.

Par ailleurs, **il y a un véritable lien de corrélation entre la régulation de notre système nerveux et le débit de nos pensées.** Si le bouton *off* dont rêve parfois le haut potentiel n'existe pas, ces ressources agissent comme un véritable variateur d'intensité salvateur.

La bonne nouvelle, c'est qu'il est possible d'agir sur le système nerveux autonome *via* le nerf vague pour nous aider à mieux gérer notre environnement interne, et par conséquent influer positivement sur notre environnement extérieur. Les ressources pour cela sont vraiment nombreuses, je vous en présente quelques-unes ici, la liste n'est pas exhaustive.

Le pouvoir de la respiration

La respiration est, elle aussi, commandée par le système nerveux autonome : nous n'avons (heureusement) pas besoin d'y penser, elle se fait toute seule. C'est toutefois l'un des rares éléments dans le corps sur lequel nous pouvons provisoirement reprendre le contrôle. Ainsi, nous pouvons influer directement sur le système nerveux.

Nous naissons sur une inspiration. L'inspiration est une réponse d'activation. Pensez-y : que faites-vous lorsque vous vous apprêtez à traverser la route et qu'une voiture arrive soudainement ? Vous inspirez fortement, parfois au point d'émettre un son de surprise !

À l'inverse, nous mourons sur une expiration. L'expiration est une réponse de relâchement. Pensez-y : que faites-vous lorsque vous vous installez enfin chez vous après une longue journée ? Vous soupirez, parfois suffisamment fort pour émettre un son de soulagement. Soupirer est alors l'un des meilleurs outils de détente.

En fonction de vos besoins du moment, vous pouvez alors jouer avec vos inspirations et expirations pour influencer votre état interne et vous approcher de celui que vous désirez atteindre. Voici trois types de respiration qui vous permettront à tout instant d'obtenir l'effet désiré en quelques minutes à peine.

» La respiration équilibrante

Ce type de respiration peut être adoptée à tout moment, ce sera toujours une bonne option pour ramener l'équilibre.

Il s'agit d'équilibrer les temps d'inspiration et d'expiration, pour atteindre progressivement la cohérence cardiaque[10] à 6 cycles par minute. Inconsciemment, à l'équilibre, nous effectuons généralement entre 8 à 12 cycles par minute. Il s'agit donc ici d'approfondir notre respiration.

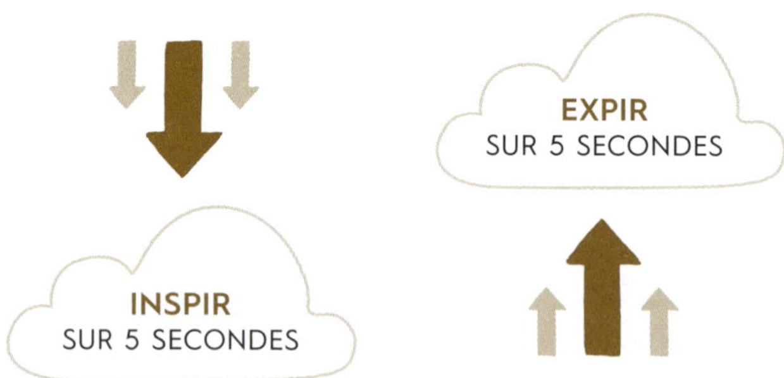

La respiration équilibrante

10. La cohérence cardiaque permet d'atteindre un état de synchronisation entre les neurones de la tête et ceux du cœur. C'est une pratique particulièrement intéressante sur laquelle nous reviendrons avec l'Essence.

Pour cela, l'idéal est d'adopter des respirations dites « complètes ». À l'inspiration, laissez le ventre se gonfler[11] doucement, puis la poitrine se soulever légèrement jusqu'à remplir le haut de vos poumons sous les clavicules. À l'expiration, laissez l'air sortir passivement, les poumons se vident, la poitrine redescend, le ventre ensuite.

Essayez pour intégrer ! Commencez par respirer à votre rythme, sans rien forcer. L'allongement des inspirations et expirations se fera avec le temps.

➤ La respiration calmante

Les yogis enseignent que le flot des pensées s'interrompt lorsqu'on porte attention au temps de suspension du souffle, sans chercher à rien contrôler, avant que l'inspiration ne devienne expiration et inversement. Ne les croyez pas sur parole, essayez : là maintenant, je vous invite à prendre quelques respirations en conscience, en posant votre attention sur les temps de pause entre l'inspiration et l'expiration. Que se passe-t-il pour vous ? Et entre l'expiration et l'inspiration ?

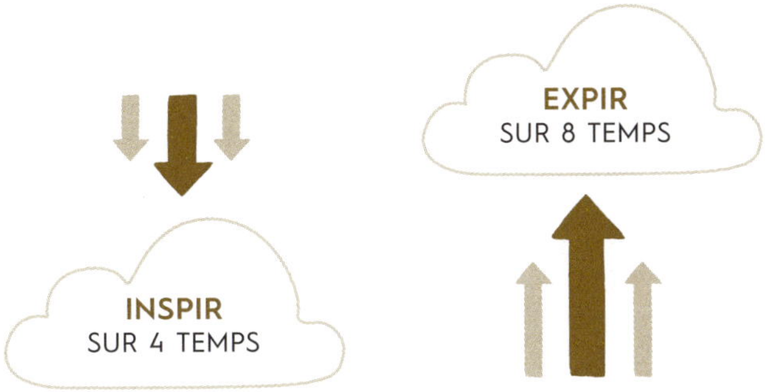

La respiration calmante

11. L'air n'entre pas dans le ventre, il reste bien dans les poumons, mais le diaphragme – principal muscle inspirateur – descend, poussant ainsi les organes abdominaux vers le bas. N'ayant pas d'issue (sauf prolapsus), ces organes se déplacent là où on leur laissera de la place, c'est-à-dire vers l'avant si l'on relâche les muscles abdominaux.

Lorsque l'on a besoin de s'apaiser plus encore ou de s'endormir par exemple, on pourra allonger la durée de nos expirations pour qu'elles soient plus longues que nos inspirations, jusqu'à en représenter le double. On pourra par exemple inspirer sur 4 temps et expirer sur 8. Au bout de quelques cycles à peine, l'effet est souvent palpable.

Privilégiez ici la respiration dans la zone abdominale, sans exagérer. Encore une fois, progressez à votre rythme, c'est en respectant vos capacités, et non en les forçant, que vous pouvez aider votre système à s'apaiser.

➽ La respiration énergisante

Ce type de respiration est idéal pour se réveiller le matin, se stimuler pour retrouver un peu d'entrain ou d'énergie en fin de matinée ou en milieu d'après-midi notamment.

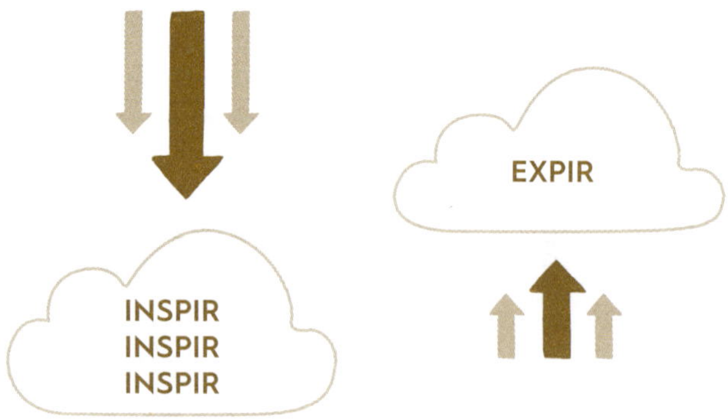

La respiration énergisante

On mettra ici le focus sur les inspirations que l'on pourra effectuer en trois prises d'air, en veillant à bien élargir la cage thoracique à l'avant, sur les côtés comme à l'arrière. Relâchez avec l'expiration. Après trois respirations, les effets sont déjà là.

Fonctionnant à vive allure, le cerveau à haut potentiel est nécessairement friand d'oxygène. Afin d'éviter la saturation de l'environnement cérébral en acide phosphorique, il sera primordial d'apporter suffisamment d'oxygène au cerveau. Sortir, s'aérer, dans la nature de préférence, devrait être une habitude essentielle pour se ressourcer régulièrement. Prendre le temps de respirer au quotidien aussi.

Émettre des sons

Lorsque nous émettons un son, quel qu'il soit, nous faisons vibrer nos cordes vocales. Juste derrière celles-ci passe le nerf vague. Émettre des sons nous permet de sécréter de l'endorphine, hormone qui participe à notre bien-être et à notre bonne humeur.

Rire, faire des gargarismes, fredonner, **chanter** est donc thérapeutique, même sous la douche ou dans la voiture !

Ne me croyez pas sur parole, essayez, là maintenant, un son à l'effet particulièrement apaisant : le **bourdonnement de l'abeille**. Inspirez et, bouche fermée, émettez le son « Mmmmmm... » pour le sentir vibrer peut-être dans la gorge, ou dans les lèvres, dans la tête... Comment vous sentez-vous ?

Mobiliser les muscles du visage

Les muscles du visage sont ceux qui sont sollicités lorsque nous sommes dans l'interaction sociale. En les mobilisant, nous envoyons l'information à notre cerveau que nous souhaitons repasser dans ce mode Sécurité.

Vous pouvez ainsi vous orienter dans l'espace en tournant la tête pour regarder tout autour de vous les éléments qui composent votre environnement, afin d'observer que là, tout de suite, vous êtes en sécurité (si ce n'est physiquement pas le cas, alors le mode qu'a activé votre système nerveux est utile à votre survie).

Souriez, même si vous n'avez pas de raison objective de sourire. *Fake it until you make it*, comme disent les Anglais : faites semblant jusqu'à ce que cela devienne réel. Vous enverrez un nouveau message à votre cerveau qui produira progressivement les hormones nécessaires à l'ajustement de la réponse nerveuse provoquée initialement.

Vous pouvez aussi **grimacer** en contractant certains muscles du visage. Ce geste effectué devant une glace vous permettra peut-être de dédramatiser la situation !

Rééquilibrer ses hémisphères

Tous les mouvements qui mobilisent la droite puis la gauche du corps sont rééquilibrants pour les deux hémisphères du cerveau et donc pour le système nerveux. C'est ce qu'il se passe lorsqu'on marche ou qu'on lève un bras et la jambe opposée puis qu'on alterne par exemple.

Un moyen de se ressourcer particulièrement efficace peut être d'y ajouter un **bercement** en bougeant avec de petits mouvements oscillatoires. L'effet sur le système est garanti en 30 secondes.

Debout par exemple, sentez vos pieds sur le sol et passez tranquillement, à votre rythme, votre poids d'un pied sur l'autre. Assis, vous pouvez faire la même chose en sentant l'appui de vos os des fesses, les ischions, sur votre chaise et effectuer quelques mouvements de droite à gauche pour passer le poids d'un os à l'autre. Vous obtiendrez alors l'effet si apaisant du bercement. Essayez !

Faire bouger son corps

Au cœur de la colonne vertébrale passe la moelle épinière, qui fait partie du système nerveux central. Tout mouvement (ou absence de mouvement) de la colonne aura par conséquent une influence sur le système nerveux. Ainsi, les **mouvements intuitifs**, spontanés et naturels, nous amènent à la faire bouger dans différentes directions. Ils permettent aussi de libérer les fascias. Nous verrons cela plus en détail avec l'élément Terre (voir p. 86).

La danse est également un formidable exutoire lorsqu'on ne cherche pas à accomplir certains mouvements techniques au profit de l'expression corporelle. Mettez de la musique en accord avec votre état du moment ou l'état que vous souhaitez atteindre et laissez votre corps exprimer ce qu'il a à dire, sans chercher à contrôler vos mouvements ou à leur donner un style spécifique. Le simple fait d'écouter de **la musique** peut favoriser la production d'ocytocine et donc contribuer rapidement à changer notre état interne.

En cas de besoin, déchargez votre corps des émotions, sensations et cycle de stress inachevé. Il s'agit ici de laisser le corps effectuer l'action à laquelle le système nerveux l'a préparé. Ainsi, bougez, secouez, agitez les bras pour décharger le mode combat. Faites de même avec les jambes pour terminer le cycle de la fuite. Mobilisez la cage thoracique et le ventre pour décharger le mode immobilisation.

Le shaking est également souvent très efficace pour se redynamiser. Mettez-vous debout et rebondissez sur place comme sur un trampoline, en laissant bouger tout votre corps. Au bout de 30 secondes à une minute environ, vous pourrez déjà constater un net changement d'état interne.

Avoir une pratique régulière de mouvements en conscience, comme le yoga, la méthode Alexander ou Feldenkrais, l'eutonie ou le qi gong, vous permettra aussi d'assurer une régulation fréquente et salvatrice de votre système nerveux, comme une sorte de *reset*.

Le toucher thérapeutique

Le toucher permet quant à lui la sécrétion d'ocytocine, l'hormone du bien-être et de l'attachement. Pour vous ressourcer, rien de tel alors que les massages, les câlins, et les caresses !

Si vous avez un partenaire ou un praticien préféré, vous pouvez verbaliser votre besoin de douceur et d'apaisement. Si vous avez un animal de compagnie, il peut être votre plus fidèle thérapeute !

Si vous êtes seul, vous pouvez tout aussi bien effectuer un automassage en douceur ou en procédant par pression/relâchement sur certaines parties de votre corps. Il est également très efficace de s'enlacer soi-même, de se toucher ou de se caresser les jambes, le ventre, la nuque ou le visage par exemple. Là encore, l'effet est très rapide, quelques secondes suffisent pour que les hormones commencent à changer et produire leurs effets.

Être en contact avec des matières douces ou enveloppantes est également ressourçant pour certaines personnes particulièrement sensibles au toucher. Se lover dans un pull tout doux, sous un plaid un peu dense ou sous la couette, sera alors une bonne technique pour se ressourcer aussi !

Le pouvoir de l'eau

L'eau chaude a un très haut pouvoir relaxant, que ce soit sous la forme de thé ou de tisane, d'un bain ou d'une douche. En prenant conscience de l'eau sur ou à l'intérieur de vous, l'effet apaisant se fait rarement attendre.

L'eau froide est, quant à elle, plutôt dynamisante. Un jet d'eau froide sur les jambes, le visage ou les avant-bras vous redonnera rapidement de l'énergie.

Quelques plantes régulatrices du système nerveux

Les plantes adaptogènes accroissent de manière générale la résistance de l'organisme aux divers stress qui l'affectent. Elles exercent leur action sur de nombreux organes ou fonctions physiologiques en même temps : mémoire, qualité du sommeil, fonctions cognitives, fonctionnement sexuel par exemple.

Contrairement aux excitants, ces plantes ont un effet moyen mais durable, sans effet de rebond (excitation puis fatigue). Elles permettent donc au corps de s'adapter aux différentes agressions et de résister à leurs conséquences néfastes.

Les plantes adaptogènes aux propriétés reconnues sont notamment le ginseng, l'éleuthérocoque et la rhodiole. Personnellement, j'apprécie tout particulièrement la rhodiole dans les phases de vie stressante : préparation d'examens, dossiers importants, changement de vie, etc.

L'état anxiogène qui accompagne parfois la personnalité du haut potentiel peut nécessiter l'utilisation de **la phytothérapie à visée apaisante,** calmante, voire sédative. Hypersensible par nature, il y réagira souvent de manière positive, à condition de respecter les doses physiologiques. Parmi les plantes aux propriétés relaxantes et anxiolytiques, je recommande particulièrement la mélisse pour les maux de ventre et l'aubépine pour les somatisations cardiaques légères. La plante du sommeil par excellence est l'eschscholtzia. Ces plantes peuvent être prises sous différentes formes (tisanes, gélules, extraits liquides etc.) selon les besoins et la constitution individuelle.

Il est préférable de prendre les plantes adaptogènes le matin pour gérer l'anxiété diurne et les plantes à visée calmante le soir, pour inhiber un système nerveux hyperactif[12].

Les huiles essentielles sont aussi particulièrement efficaces pour gérer le système nerveux. Je vous présente mes préférées avec l'élément Eau.

Tous ces outils n'auront pas des effets similaires sur les individus. Les effets varient également au cours du temps, selon l'état d'esprit et l'état d'avancement de chacun. Connaître nos ressources personnelles pour réguler notre propre système nerveux est ainsi essentiel.

Une fois ressourcé, il sera possible d'appréhender la situation avec plus de clarté, de manière plus consciente, en lien avec son environnement. En effet, en dehors de notre mode Sécurité, le discernement est altéré. Le cortex pouvant se retrouver déconnecté des cerveaux émotionnel et limbique, il n'est pas évident de penser de manière rationnelle sous le coup d'une réaction de Danger ou de Survie. Réguler son système nerveux est donc une clé importante pour évoluer sur son chemin sereinement et en harmonie avec les autres.

---

12. Pour aller plus loin, voir le livre numérique *Zèbre & naturopathie* de la même auteure disponible sur : www.margerieveron.com/zebre-naturopathie-le-livre.

À VOUS DE JOUER

Je vous propose de lister vos cinq ressources favorites pour vous ressourcer et réguler votre système nerveux :

....

....

....

....

....

Vous pouvez afficher cette liste dans un endroit qui vous sera facilement accessible ou visible au quotidien (la porte du frigo, le miroir de la salle de bains, le marque-page de votre agenda par exemple), pour vous en imprégner jusqu'à ce que cela devienne un réflexe d'y avoir recours rapidement en cas de besoin.

Bravo, vous voilà maintenant équipé d'un kit de survie pour la suite de votre exploration !

Conscientiser son discours interne

Chaque jour, 60 000 pensées nous traversent en moyenne, soit 42 par minute ! Avec la connectivité neuronale plus importante qui le caractérise au niveau cérébral, il est aisé d'imaginer que ce chiffre augmente encore avec le haut potentiel.

Or nos pensées définissent notre perception du monde, elles sont donc un élément créateur dans nos vies. Elles sont en lien direct avec nos émotions, sensations et comportements. Sachant que 90 % de nos pensées sont inconscientes ou recyclées de la veille, si nous voulons faire évoluer notre vie, il est incontournable de les conscientiser.

Penser tout comme respirer est un processus naturel, la plupart du temps totalement inconscient. Nous sommes pensé, comme nous sommes respiré : les pensées apparaissent dans notre esprit comme l'air entre dans nos poumons. Si nous pouvons contrôler notre souffle pensant un temps, nous ne pouvons pas le faire tout le temps, cela accaparerait toute notre attention. Nous ne pouvons pas non plus nous arrêter de respirer volontairement très longtemps. De la même manière, nos pensées émergent la majorité du temps de notre système de pensées autonomes, notre « pilote automatique », de manière totalement inconsciente (voir p. 25).

Nous n'avons donc pas la responsabilité des pensées qui émergent en nous. Nous avons en revanche le pouvoir de les remettre en question lorsqu'elles nous font souffrir, nous stressent ou ne vont pas dans le sens de notre épanouissement. Pour cela, encore faut-il avoir conscience des pensées qui nous traversent, d'être en mesure de les observer.

L'observation nous offre la prise de distance nécessaire pour pouvoir réorienter la réaction dans une direction choisie en conscience, alignée avec nos aspirations profondes. À défaut, les pensées issues de nos programmes inconscients guident notre vie.

À l'heure où j'écris ces lignes, les neurosciences en sont probablement encore à leurs balbutiements : l'être humain commence tout juste à observer et comprendre le fonctionnement de son cerveau à la lumière des recherches et progrès scientifiques. Il est tout à fait possible que nous en ignorions encore l'immense majorité. Ce que nous savons actuellement, c'est que notre cerveau a globalement deux modes de fonctionnement :

- le « **mode exécutif** » lorsqu'il est dans la réflexion, la logique, la concentration et l'efficacité. Ce mode peut être relié au cortex fronto-pariétal, le haut du néocortex ;
- le « **mode par défaut** » lorsqu'il n'est pas concentré sur une tâche particulière. Il est alors dans une forme de repos qui permet la mémorisation, l'introspection et le ressenti émotionnel. De là émerge également notre créativité. Ce mode relie certaines régions du cortex à des structures plus anciennes et plus profondes des cerveaux limbique et primitif. L'inconscient est pleinement à l'œuvre.

Nous avons besoin de ces deux réseaux. Sans le premier, nous tournons nos pensées en boucle et les ruminons, nous sommes dans la rêverie et le vagabondage mental incessants, impossible de nous concentrer et de réaliser quoi que ce soit concrètement. Sans le second, pas de conscience de soi, pas d'apprentissage, pas de créativité : nous serions assez proches d'un robot.

Le problème survient lorsque nous restons enfermés dans l'un de ces deux modes : le système sature.

Grâce à la partie médiane de notre cerveau, appelée « **réseau de la saillance** », nous pouvons atteindre un état intermédiaire entre ces deux modes de fonctionnement. Cette structure cérébrale permet de déterminer, parmi les milliers de stimuli internes et externes qu'il capte, ceux qui sont signifiants et dignes d'attention. Il s'agit d'un état de vigilance qui permet la transition entre ces deux modes.

La méditation de pleine présence consiste à se placer dans ce réseau, à rester à la frontière entre l'un et l'autre mode. Contrairement à une idée reçue que l'on pourrait avoir sur la méditation, il ne s'agit pas de faire le vide ou de ne plus avoir de pensées. La méditation de pleine présence consiste simplement à observer le mouvement incessant, plus ou moins rapide, de nos pensées, sans se laisser emporter par elles. On les observe, comme des nuages qui passent dans le ciel. Il ne s'agit pas non plus d'être calme à tout prix. On peut aussi observer les nuages gris ou orageux !

L'essence même de ce type de méditation réside dans l'instant de cette prise de conscience que nous ne sommes plus présent, parti dans un de ces nuages.

★ PRATIQUE FONDAMENTALE : CRÉEZ UNE BULLE DE PRÉSENCE

Asseyez-vous confortablement et si vous vous sentez suffisamment en sécurité, vous pouvez fermer les yeux.

Posez légèrement votre attention sur votre corps : vous êtes assis là, ici, maintenant. Il ne s'agit pas d'être très concentré sur quoi que ce soit de particulier.

→

Vous n'avez rien d'autre à faire que d'être là, pleinement présent à ce qui se passe à chaque instant.

Vous êtes assis, vous respirez, vous avez peut-être des sensations plus ou moins intenses dans certaines parties de votre corps, vous entendez peut-être des bruits autour de vous... Tout est ok, c'est là, vous êtes là.

Et chaque fois que vous vous rendrez compte que vous êtes parti dans vos pensées, à vous remémorer le passé, à anticiper le futur, à vous raconter des histoires, à commenter, juger quelque chose ou peut-être tout autre chose, prenez-en conscience tout simplement : vous êtes repassé en mode par défaut (c'est bien normal, c'est de cette façon que fonctionne le cerveau).

Vous pouvez alors vous dire avec bienveillance quelque chose comme « tiens une pensée » ou imaginer que vous faites glisser l'objet de votre attention comme vous feriez glisser une photo sur votre smartphone !

Et de nouveau, ramenez votre attention sur votre corps, votre présence jusqu'à la prochaine fois où vous prendrez conscience que vous êtes reparti en mode par défaut.

Cet exercice apporte des bienfaits notables au bout de quelques minutes seulement : en créant une bulle d'air, on revient à soi. Avec la pratique, les temps de présence augmentent progressivement.

Vous pouvez réaliser cet exercice où que vous soyez, à tout instant. Il s'agit simplement d'amener votre présence ici et maintenant à ce qui se déroule dans l'instant, que ce soit en cuisinant, en jardinant, en marchant ou en conversant.

Ainsi, nous pouvons sortir de ce mode de pensées incessantes, pour passer en mode expérientiel, celui de la présence. Nous pouvons alors prendre de la hauteur et accéder au siège de la conscience de soi.

La méditation n'est naturellement pas la seule façon de procéder pour cela : écrire ce qui nous passe par la tête ou ce que nous avons sur le cœur, se faire accompagner ou se reprogrammer grâce à l'hypnose peuvent par exemple être efficaces. En extériorisant nos pensées, nous pouvons aussi les conscientiser, et parfois les actes symboliques suffisent.

Cette étape de mise en lumière est parfois nécessaire pour évoluer ensuite : une fois l'élément interne perturbateur identifié, nous aurons la possibilité d'agir dessus au niveau conscient ou inconscient.

En observant notre discours interne, nous nous familiariserons avec lui et nous canaliserons progressivement cette partie de nous, notre mental, pour qu'il nous porte dans la direction que nous aurons choisie.

Rééduquer son système de pensées

« Je suis vraiment nul », « Il est bête ou quoi », « Cela ne marchera jamais », « Qu'elle est prétentieuse ! »... Nous avons tous dans la tête une (voire plusieurs !) petite voix qui commente presque tout en permanence. Parfois, elle se fait douce, c'est notre partie nourricière qui s'exprime. Mais bien souvent, elle représente une partie normative ou protectrice en nous, celle qui cadre, limite et critique, nous culpabilise ou nous fait sentir honteux. Cette partie normative sera d'autant plus forte chez le haut potentiel atteint du « syndrome du caméléon » ou syndrome de suradaptation (voir p. 136).

C'est simplement une partie de l'ego, non pas une fatalité. Nous avons la possibilité de l'apprivoiser pour qu'elle accepte de se mettre au service de notre personnalité plus profonde, notre Essence.

L'EGO : KESAKO ?

On l'appelle aussi le mental, Moi, Je. L'ego est cette partie de nous qui s'identifie aux pensées et émotions qui nous traversent, à notre corps, nos certitudes, nos opinions, nos souvenirs. C'est cette partie de nous qui vit dans le passé ou se tourne vers le futur, qui refuse sa véritable nature, l'expérience même de la vie, de ce qui est.

→

Nous l'avons vu dans la première partie, pour se construire, un individu a besoin de s'identifier. D'abord à ses parents et éducateurs souvent, puis à ses amis et camarades de classe ensuite, à ses collègues de travail parfois. Ce processus est humain et naturel. On l'appelle processus d'identification. C'est de cette façon que se structure le Moi, mais également que se construit la Persona.

Ainsi, nous sommes constitués d'un ensemble d'identités, comme des costumes que nous portons, que l'on peut aussi appeler sous-personnalités, par exemple : la mère, la fille, la sœur, la thérapeute, la spécialiste, l'amie, la femme, l'amante, la compagne, la cuisinière, l'amoureuse, la personne intelligente, sensible, etc.

En réalité, chacune de ces identités est une collection de pensées et de croyances. Une identité est aussi une construction mentale : voilà qui nous pensons être. Cette collection s'accompagne souvent d'un panel de croyances sur ce que doit être un homme, une femme, une mère, une fille, une compagne, une amante, une amie, etc.

Pour le cerveau, c'est une part de nous. Et chaque fois qu'une part de nous est menacée, le cerveau déclenche l'alerte : il en va de notre survie. Alors nous attaquons, nous fuyons ou nous faisons le mort. C'est, selon de nombreuses traditions spirituelles et philosophiques, la source première de notre souffrance : l'identification que nous avons avec nos pensées, ces « scénarios » qui accaparent sans cesse notre mental.

La prise de conscience du mécanisme est donc une étape indispensable pour éviter d'être inconsciemment guidé par notre ego, surtout lorsqu'il se sent menacé.

Ne nous méprenons pas, l'ego n'est pas un ennemi à abattre, quelque chose dont on devrait se débarrasser à tout jamais.

→

Ce serait peine perdue, il fait partie de la nature humaine. Vivre sans ego est illusoire : ce serait vivre dans une totale équanimité, sans le moindre désir. Or le désir est le moteur de l'homme.

Le problème surgit lorsque nous devenons totalement identifié à lui, à nos pensées, sortant ainsi de la réalité de ce qui se passe dans l'instant. Nous en sommes l'esclave, subissant son bon vouloir.

Comme l'écrit très justement Serge Marquis, auteur et médecin, « qui observe JE s'apaise », c'est tout l'enjeu de la connaissance de soi. Alors nous pouvons l'accueillir pour ce qu'il est et mettre cette partie de nous au service de notre vraie nature, notre Essence.

En grandissant, nous avons adopté la façon de penser, de juger, de contrôler de nos parents, éducateurs et d'autres personnes d'influence. Nous l'avons internalisée pour pouvoir nous contrôler nous-même et nous intégrer à notre famille et à la société afin de survivre. Cette petite voix dans la tête essaie donc de nous maintenir en sécurité. Aujourd'hui, elle peut être ressentie comme un problème parce qu'elle s'éloigne parfois beaucoup de ce que nous voulons réellement ou de qui nous sommes au fond. Il s'agira alors de prendre l'entière responsabilité de la faire évoluer.

Nous le verrons tout au long de ce livre : inutile d'entrer en guerre contre une partie de soi pour s'en débarrasser, cela ne fait que lui donner plus de pouvoir inconscient encore. Les sages et certains grands philosophes comme Nietzsche nous enseignent au contraire que **rien en nous n'est à vaincre, tout est à intégrer**.

Il s'agit ici de changer la relation que nous avons avec cette part de nous-même : en comprenant sa raison d'être, elle va s'apaiser toute seule. Je dois toutefois vous prévenir : l'ego n'aime pas qu'on le remette en question, alors il résiste et ça peut secouer un peu parfois !

En portant notre attention sur ce qui se trame à l'intérieur de nous, nous pourrons souvent observer que nos dialogues inconscients tournent autour de cinq types de pensées principalement. Nous verrons comment faire évoluer ces pensées qui ne nous aident pas.

Les généralisations et interprétations

« Toujours », « jamais », « tout le monde », « personne » sont les mots-clés qui nous indiquent que nous sommes dans le registre des généralisations. Ce sont des pensées assez binaires, manichéennes : c'est noir ou blanc. Avec de telles pensées, la situation paraît vraiment tranchée et souvent inextricable.

Pour sortir de ce schéma de pensées souvent limitant, il pourra être utile de se demander si notre propos ne peut pas être nuancé au regard d'une réalité plus objective : est-ce vraiment toujours noir ou blanc ? N'est-ce pas parfois gris ?

Cela demande de revenir à une posture d'observateur, de considérer les faits sans les teinter de notre ressenti, comme le ferait une caméra qui filmerait la scène de manière totalement neutre. Par exemple, est-ce que cette personne nous ignore toujours ou est-ce qu'elle est entrée dans la pièce cinq jours de suite sans nous dire bonjour ?

Recentrer notre attention sur ce que nous observons de manière objective évite de faire un amalgame entre les émotions que nous ressentons et la perception que nous nous faisons de l'autre, de ses agissements et de ce que nous l'imaginons faire.

Qu'elles relèvent de l'attaque, du rejet, ou de la tromperie, certaines expressions cultivent la confusion entre sentiment et jugement. Ce sont en réalité des interprétations qui nous amènent à transférer la responsabilité de notre ressenti sur l'autre.

Quelques interprétations fréquentes

ACCUSATION	Accusé, **Blessé**, **Culpabilisé**, Jugé, Entraîné, Blâmé, Préssurisé, **Mis en cause**, Surchargé, Volé, Pris en faute
ATTAQUE	**Agressé**, Acculé, **Arraché**, Agrippé, Bousculé, Harcelé, Offensé, **Insulté**, Écrasé, Provoqué, **Menacé**
DÉSORGANISATION	**Incapable**, Inadéquat, Incompétent, Indigne, Médiocre, **Sot**, **Stupide**
DÉVALORISATION	Bafoué, **Diminué**, Inadéquat, Incapable, **Déconsidéré**, Incompétent, Sans valeur, **Indigne**, Intimidé, Rabaissé, **Sali**
DOMINATION	**Contraint**, Coincé, Forcé, obligé, Ridiculisé, **Arraché**, Étouffé, Humilié, Méprisé, **Persécuté**, Maltraité, Materné, **Piétiné**
REJET	Abandonné, **Délaissé**, **Délesté**, Ignoré, Incompris, Indésirable, Écarté, Largué, Négligé, Nié, **Invisible**
TROMPERIE	Dupé, **Bluffé**, Escroqué, Exploité, Floué, **Arraché**, Manipulé, Trahi, **Piégé**, Refait, Roulé, **Trompé**

Lorsque vous vous observez en train d'utiliser l'un de ces mots, je vous invite à en revenir au fait. Par exemple, plutôt que de dire que quelqu'un vous a blessé, vous pouvez choisir de dire que, quand il vous a dit ce qu'il vous a dit, vous vous êtes senti triste. Ce faisant, vous sortirez de l'interprétation et reprendrez la responsabilité de votre ressenti plutôt que de penser que l'autre est fautif parce qu'il vous a fait du mal. Il vous sera alors bien plus facile de retrouver votre pouvoir d'agir.

En effet, l'autre n'a que le pouvoir d'appuyer, consciemment ou inconsciemment, là où vous aviez déjà mal, vous signalant ainsi que vous avez besoin de prendre soin de cette part qui souffre.

Les injonctions

Avant d'être portées à notre conscience, les pensées passent par nos filtres inconscients. En les observant, nous pouvons détecter nos stratégies de fonctionnement plus profondément. Ainsi, nous avons tous un puissant filtre de motivation interne. Selon sa programmation, les verbes que nous utilisons nous indiquent si notre motivation est guidée par :

- la désirabilité : vouloir, avoir envie, souhaiter ;
- la possibilité : pouvoir, choisir de ;
- la nécessité : devoir, falloir ;
- la certitude : aller, être.

On emploie ces injonctions à tous les temps et à toutes les personnes : je veux, je dois, tu aurais pu, il aurait dû, tu devrais, il faut, il faudra, nous allons, je vais, je suis...

Portons plus particulièrement notre attention sur les injonctions de nécessité parce qu'elles constituent souvent des dénis ou des prises de pouvoir inconscients. En effet, en tenant des discours du type « je dois », « il faut », nous refusons peut-être de prendre nos responsabilités en remettant ce pouvoir à l'extérieur de nous : que se passera-t-il si nous ne le faisons pas ? Sommes-nous prêts à assumer la responsabilité de notre choix ?

Ces injonctions ont aussi un impact sur les émotions des autres. Lorsque nous pensons ou disons à l'autre sans qu'il ne nous ait demandé notre avis « tu dois », « il devrait », nous prenons peut-être le pouvoir sur ce qu'il pourrait choisir pour lui-même. Pour revenir dans le lien, nous pouvons nous demander s'il est possible qu'il ait besoin d'autre chose que de notre point de vue. En observant ce type de discours interne, nous avons la possibilité de rendre à l'autre son pouvoir et sa responsabilité, tout en étant présent à ses besoins plus profonds comme aux nôtres.

En apprenant à varier nos injonctions, nous pouvons progressivement faire évoluer nos filtres internes. Comme ils n'ont pas la même force motivationnelle, ils ont un impact différent sur notre état interne. Se dire « Je *dois* faire face » a un autre impact que se dire « Je *choisis* de faire face ».

Ces injonctions nous permettent aussi d'accéder à certaines émotions dont nous avons besoin. Se dire « Je *veux* faire cela et je *vais* le faire » permet d'augmenter notre détermination.

À VOUS DE JOUER

Nous avons généralement deux opérateurs modaux favoris. Je vous invite à observer ceux que vous utilisez par défaut et à choisir dès maintenant les deux injonctions qui les remplaceront.

Par exemple, chaque fois que je m'entendrai dire ou penser « je dois », je reformulerai ma pensée en « je choisis de »

....

....

Les jugements

Le premier type de jugement qui vient à l'esprit, ce sont les **jugements moralisateurs** : « c'est bien » ou « c'est mal ».

Évoluant dans une société normée où règnent la compétition et le mérite, ces jugements nous bercent depuis notre plus tendre enfance. Avec une telle vision des choses, tout acte mérite punition ou récompense, quelqu'un doit nécessairement avoir raison ou tort, l'autre est un allié ou un ennemi, les choses sont normales ou ne le sont pas.

Ces notions de bien et de mal impliquent alors la possibilité que quelqu'un ait du pouvoir sur nous ou que nous puissions en avoir sur l'autre. Un être humain aurait donc le pouvoir d'exiger quelque chose d'un autre être humain.

Ce mode de pensée binaire amène la manipulation, la culpabilisation ou la honte. Ne peuvent s'ensuivre que deux types de comportements : la soumission ou la rébellion. Il est ainsi à l'origine de toute la violence intra et interpersonnelle que nous connaissons sur cette planète !

À quoi ressemblerait le monde si chacun était libre de donner et de le faire à partir d'un espace de choix, de joie, d'élan ?

En réalité, puisque les besoins sont la source de nos élans et qu'ils sont universels, ce que nous jugeons ce sont les stratégies mises en place pour satisfaire ces besoins. Ici, il est important d'intégrer que nous n'utilisons pas tous les mêmes moyens pour satisfaire un même besoin.

L'idée n'est pas de légitimer tel ou tel acte, juste de s'interroger, de commencer à investiguer la source de nos pensées. Est-ce vraiment « mal » ? Ou bien est-ce mal selon nos standards, la morale que nous suivons ? Quel est le besoin que cette personne que nous jugeons cherche à nourrir ?

Et si inconsciemment nous désirions profondément la même chose ?

Avec les jugements, nous entrons également dans le monde merveilleux de **la projection** ! En psychologie, projeter c'est attribuer à quelqu'un d'autre ou à autre chose des qualités, des sentiments, des désirs, que l'on n'assume pas soi-même.

C'est un mécanisme de défense de l'ego : nous avouer que nous avons telles émotions, telles croyances ou tels désirs allant à l'encontre de la vision idéalisée que nous avons de nous-même nous est tellement inconfortable que nous les dévions pour les matérialiser à l'extérieur de nous, chez quelqu'un d'autre. C'est notre Ombre que nous projetons.

Ainsi, le plus souvent, ce que nous projetons sur autrui, ce sont les parts de nous-même que nous jugeons le plus négativement parce que nous avons appris à le faire.

> *Marie a honte de se mettre en colère, parce qu'elle a intégré depuis son enfance qu'« une petite fille doit rester calme et ne pas faire de bruit ». Par projection, elle est particulièrement touchée par ce qu'elle relève comme des marques d'irrespect chez les personnes bruyantes, sans réaliser pourquoi elle a particulièrement peu de tolérance pour ce type de comportement chez autrui.*
>
> *Et puis quand une enfant parle fort à la table d'à côté, une part d'elle condamne ce comportement peu respectueux de son besoin de calme... mais il se peut aussi qu'en même temps, une autre voix, admirative, murmure au fond d'elle : « Whaou, en voilà une qui n'a pas peur de s'exprimer haut et fort ! Moi, je n'oserais jamais... »*

Notons qu'entre un défaut que l'on rejette (s'exprimer bruyamment dans notre exemple) et une qualité que l'on ne s'autorise pas (s'exprimer librement en public), la distinction est souvent subtile, voire quasi-inexistante.

Par définition, le mécanisme de la projection est inconscient au moment où il se déroule. Cependant, avec un très léger décalage, il est possible de prendre conscience de ce qui est en train de se passer, de comprendre que l'autre nous reflète qui nous sommes. C'est ce que l'on nomme **l'effet miroir**.

Pour sortir des projections, il s'agit d'agir non pas sur la projection elle-même mais sur le projecteur, notre mental. L'effet miroir est ainsi un outil puissant de transformation de nos schémas internes. La relation aux autres devient un véritable terrain de jeu de la connaissance de soi, grandeur nature !

La comparaison

Comparer, c'est relever des ressemblances et des différences. Généralement, nous avons plutôt tendance à relever les différences. Cela donne des pensées du type : « Je ne suis pas aussi intelligent/beau/riche... que... », « Il réussit/agit/parle/chante/danse/écrit... bien mieux que moi. »

Et c'est bien normal de se comparer aux autres quand on a passé souvent plus de dix années à l'école à se voir attribuer des notes et des classements. Pourtant, la comparaison est la plupart du temps stérile, parce que nous ne sommes pas l'autre et il n'est pas nous : personne ne peut faire ce que nous faisons comme nous le faisons.

Comme le dit Albert Einstein, « tout le monde est un génie. Mais si vous jugez un poisson sur ses capacités à grimper à un arbre, il passera sa vie à croire qu'il est stupide. »

Alors, si nous nous surprenons à nous comparer à un autre, que ce soit au niveau de notre être ou de nos actions, nous pouvons commencer par nous faire un gros câlin !

Considérons ensuite l'effet miroir : notre réalité extérieure est le reflet de notre état intérieur. C'est le côté positif de la projection. Nous sommes en effet en train de reconnaître chez l'autre quelque chose que nous pensons ne pas avoir (et ce n'est peut-être pas ce que nous croyons).

Pour sortir de la comparaison, je vous propose de la remplacer par l'inspiration. Observez ce qui provoque cette réaction en vous, observez comment l'autre fait pour obtenir le résultat ou l'état d'être que vous voudriez atteindre. Incarnez-le à votre façon depuis votre singularité, vous êtes déjà cela puisque vous pouvez le voir chez l'autre : ce ne sera alors plus de la contrefaçon mais de l'inspiration !

La victimisation et les reproches

La victimisation et les reproches consistent à faire peser à l'extérieur de nous la responsabilité de quelque chose. Ils peuvent prendre la forme de pensées telles que « C'est à cause de... machin, truc, la pluie... » ou « Tu me fais... du mal, de la peine... » par exemple.

Avec ce type de pensées, ce n'est pas notre faute, nous blâmons, sommes frustrés ou en colère contre l'autre, la vie. Il s'agit alors de choisir une manière de penser qui nous rend notre pouvoir personnel : si nous ne sommes pas responsables de ce qui nous arrive, nous sommes responsables de notre façon de réagir.

Ainsi, nous avons toujours le choix. Ce qui peut nous laisser croire que nous ne l'avons pas, c'est souvent que nous ne sommes pas prêts à assumer les conséquences de ce choix, à en prendre la responsabilité. La première étape est de prendre la responsabilité de ce que nous ressentons, c'est ce que l'élément Eau nous permet de faire comme nous le verrons.

La capacité d'empathie du haut potentiel étant souvent reconnue, je saisis l'occasion pour évoquer ici la part de sauveur en nous, autre protagoniste du jeu psychologique du Triangle de Karpman. Le **sauveur** ressent le besoin de voler au secours de la victime. Si le rôle est gratifiant pour l'ego, il place la victime en incapacité de résoudre ses propres problèmes en se connectant à ses propres besoins. Cela permet aussi au sauveur de concentrer son attention sur quelqu'un d'autre plutôt que de se confronter à ses propres problèmes et angoisses. Si vous vous surprenez à penser « je devrais l'aider », « il faut que je l'aide », vous êtes dans ce rôle. Je vous invite à approfondir pour investiguer ce qui vous met si mal à l'aise dans la situation. À quoi l'inconfort ou la détresse de l'autre vous renvoie-t-il ?

Tant que nous sommes en posture de victime ou de sauveur, nous nous exposons aussi à prendre à un moment ou à un autre celle de **bourreau** qui vient clore ce tristement célèbre jeu psychologique. Nous devenons de ce fait responsables du mal-être des autres.

La seule façon de sortir de ces jeux psychologiques est que chacun des protagonistes (nous en premier lieu) reprenne la responsabilité de ce qu'il ressent. L'autre peut être le stimulus, le déclencheur, mais il n'en est pas la cause. La cause se trouve à l'intérieur de nous-même.

Transformer ses croyances

Une pensée que nous considérons comme absolument vraie est ce que l'on appelle une croyance en psychologie. Elle agit comme un filtre inconscient pour nos décisions et actions. Toutes nos pensées peuvent être considérées comme des croyances dès lors que nous ne les avons pas investiguées ou choisies en conscience.

En effet, une pensée est inoffensive tant qu'on ne la croit pas. Nos souffrances ne proviennent pas d'une cause extérieure ou de nos pensées, mais de notre attachement à nos pensées. En réalité, **nous souffrons quand nous croyons ce que nous disent nos pensées limitantes**.

Les croyances peuvent être aidantes, si elles favorisent des mouvements qui vont dans la direction dans laquelle nous souhaitons avancer, ou limitantes lorsqu'elles les entravent, nous stressent ou nous font souffrir.

Nous l'avons vu, nos pensées, donc nos croyances sont très souvent des héritages familiaux, culturels, religieux ou sociétaux. Elles proviennent également de nos propres expériences de vie. La question n'est pas de savoir si une croyance est vraie ou fausse, mais si elle nous sert - alors on la garde ! - ou nous limite. Dans ce cas, il sera nécessaire de la faire évoluer pour pouvoir avancer, sinon elle continuera à diriger notre vie inconsciemment.

Le processus que je vous propose pour faire cela en toute autonomie est inspiré du travail de Byron Katie[13]. Si le résultat d'une telle investigation peut parfois demander un lâcher-prise si radical qu'il n'est pas toujours à notre portée, il permet déjà de commencer à changer de point de vue. Ce processus consiste à se poser, pour chaque pensée stressante ou douloureuse, quatre questions assez simples. Avant de commencer, il peut être judicieux de noter cette pensée par écrit : le mental est malin, il pourrait bien la transformer subtilement en cours de route pour ne pas être pris en défaut.

Voici deux vastes champs d'exploration pour aller plus loin par la suite :

- un sujet universel : l'amour ! Dans quel domaine de votre vie ne recevez-vous pas autant d'amour que vous le souhaitez ? Identifiez une pensée qui est associée à cela. Cela peut prendre la forme de pensées du type « on ne rencontre pas le grand amour au coin de la rue », « mon mari n'est pas assez tendre », « avec tout ce que j'ai fait pour elle, elle devrait m'aimer » ;
- un sujet à rayures : les relations ! Quand on est zèbre, il peut être difficile de trouver des amis ou des partenaires en raison de son intensité émotionnelle, de ses standards élevés ou de sa complexité intellectuelle. Souvent, on se dira « l'autre ne me comprend pas » ou tout autre chose. Voilà une autre pensée qui mérite une investigation.

Une fois la pensée identifiée, voici les questions à se poser dans l'ordre :

1. Est-ce que c'est vrai ? Pouvez-vous être absolument sûr que c'est vrai ?

Il s'agit ici de s'interroger sur la réalité objective. La réponse est simple : oui ou non. Il n'y a pas de mauvaise réponse ni d'histoire à se raconter pour la justifier. Je vous invite ici à être honnête avec vous-même.

---

13. Autrement appelé « le Travail », the Work. Le site Internet de Byron Katie contient de nombreuses ressources pour aller plus loin – https://thework.com/sites/francais/

2. Comment réagissez-vous quand vous croyez cette pensée ?

Peut-être que cette pensée vous procure un sentiment de paix, peut-être qu'elle vous stresse. Peut-être que vous adoptez alors un certain type de comportement envers l'autre ou envers vous-même (c'est souvent ici que l'on retrouvera les addictions et les réactions de lutte, de fuite ou d'immobilisation du système nerveux).

3. Qui seriez-vous sans cette pensée ?

Il s'agit ici de vous demander comment vous vivriez, comment vous vous traiteriez et comment vous interagiriez, sans cette pensée.

4. Et si le contraire était vrai ?

Il s'agit ici de retourner la pensée de départ. Pour cette dernière question, si une autre personne est impliquée dans votre pensée, il y a plusieurs façons de la retourner[14] : d'abord par rapport à l'autre, puis par rapport à vous, puis en prenant l'opposé.

Il peut être aidant de trouver des raisons pour lesquelles ce retournement est aussi vrai, voire plus vrai, que l'affirmation de départ.

Investigués, les exemples évoqués précédemment pourraient ainsi devenir :

- « Il est possible de rencontrer le grand amour au coin de la rue. »
- « Je ne suis pas assez tendre avec lui » : il est bien possible que lui aussi trouve que je ne suis pas assez tendre avec lui, comme il aimerait que je le sois.

  OU « Je ne suis pas assez tendre avec moi » : c'est vrai que je ne prends pas grand soin de moi et que je me parle assez durement.

  OU « Mon mari est assez tendre avec moi » : oui, à sa façon, il fait preuve de tendresse, je ne peux pas lui faire porter la responsabilité de la douceur que j'attends mais je peux peut-être lui demander, libre à lui d'accepter ou non mes propositions concrètes.

---

14. S'il s'agit d'un concept ou d'une entité plus large, il est possible que le retournement ne fonctionne pas pour votre affirmation de départ, remplacez alors le sujet par « ma façon de penser ».

- « Avec tout ce que j'ai fait pour elle, je devrais m'aimer » : après tout, je suis vraiment une personne formidable et aimante !

  OU « Avec tout ce que j'ai fait pour moi je devrais m'aimer » : j'ai fait tout ça pour qu'elle m'aime, ce serait peut-être plus efficace de m'aimer moi-même directement.

  OU « Avec tout ce que j'ai fait pour elle, elle n'est pas obligée de m'aimer » : j'ai fait tout cela pour qu'elle m'aime, pas pour elle, je ne peux obliger personne à m'aimer.

- « Je ne comprends pas l'autre » : c'est vrai ça, on dirait qu'il ne fonctionne pas comme moi.

  OU « Je ne me comprends pas moi-même » : je veux être en lien et je passe mon temps à juger l'autre.

  OU « L'autre me comprend bien » : au fond, nous sommes des êtres humains vulnérables, si je lui laissais voir cette partie de moi, il me comprendrait peut-être mieux.

À VOUS DE JOUER

Pour pouvoir changer une pensée, il faut déjà la conscientiser. Peut-être qu'à la lecture, vous avez déjà une idée en tête. Sinon, pensez à une situation problématique pour vous actuellement et complétez la phrase suivante en notant spontanément ce qui vient :

Je souffre/stresse actuellement parce que :

....

....

....

....

....

....

....

→

Est-ce que c'est vrai ? Pouvez-vous être absolument sûr que c'est vrai ?

☐ Oui ☐ Non

Comment réagissez-vous quand vous croyez cette pensée ?

....

....

....

....

....

Qui seriez-vous sans cette pensée ? Fermez les yeux, imaginez la situation sans cette pensée : que voyez-vous ? Que ressentez-vous ?

....

....

....

....

....

....

Et si le contraire était vrai ? Retournez maintenant votre affirmation de départ. Si une autre personne est impliquée dans votre pensée, retournez-la d'abord par rapport à l'autre, puis par rapport à vous, puis en prenant l'opposé. Si cela n'a pas de sens, votre retournement pourrait prendre la forme « Je souffre/stresse actuellement parce que ma façon de penser... ».

....

....

....

....

....

....

....

→

Testez et observez ce qu'il se passe à l'intérieur de vous. Si l'un de ces retournements ne fait pas écho, laissez-le de côté.

Reprenez maintenant la phrase inversée, ou celle qui fait le plus écho s'il y en a plusieurs, et trouvez trois raisons concrètes d'y croire au moins autant, si ce n'est plus que votre croyance d'origine.

....

....

....

Que ressentez-vous maintenant dans votre corps ? Les émotions et sensations sont-elles les mêmes ?

....

....

....

Bravo, vous venez de faire évoluer votre système de pensées !

Il est possible que votre système de pensées ne se modifie pas radicalement en une fois. Il s'agit d'une reprogrammation neuronale : vous êtes en train de créer un nouveau circuit. Vous aviez l'habitude d'emprunter l'autoroute neuronale de votre pensée initiale ; à présent, vous avez créé un nouveau sentier. Plus vous emprunterez ce sentier, plus son sillon s'approfondira et plus l'ancienne route devenue désuète s'estompera.

L'essentiel à retenir

➜ Vous avez un cerveau à haut débit électrique.

- Pour bien vivre au quotidien : régulez votre système nerveux en vous ressourçant régulièrement.
- Pour évoluer sur le long terme : observez votre discours interne et actualisez vos croyances pour reprendre votre pouvoir personnel.

2. TERRE
APPRIVOISEZ VOTRE CORPS

Imaginez un bel arbre majestueux se dressant devant vous. Observez son envergure, sa structure. Peut-être entendez-vous ou voyez-vous le vent agiter légèrement ses branches, ses feuilles. Ressentez la puissance de son tronc, sa droiture intérieure. Puis visualisez ses racines sous terre, peut-être se connecteront-elles aux vôtres pour emporter dans le sol et recycler tout ce que vous n'avez plus besoin de garder, tout ce que vous êtes prêt à laisser partir…

La Terre représente l'énergie matérielle, la densité.

L'élément Terre nous intéresse ici tout particulièrement en ce qu'il représente souvent un grand défi pour le haut potentiel qui aura tendance à se noyer dans ses pensées, oubliant parfois qu'il est un être de chair et de sang.

Nourrir sa spécificité neurobiologique, prendre soin de son sommeil, de sa posture et se reconnecter à ses sensations lui permettra d'apprivoiser l'intelligence propre de son corps. Celle-ci deviendra alors une véritable ressource pour avancer et nourrir la partie de soi qui cherche à s'épanouir.

Bienvenue dans le monde de la densité, de la stabilité, du soutien, de la présence, bienvenue au cœur de l'élément Terre !

L'élément Terre

L'élément Terre a une énergie stable, posée. Son mouvement va vers le bas et le centre. C'est l'élément de l'attraction. Il représente l'énergie la plus dense et concrète : le monde matériel, le corps, les sensations.

Lorsque l'élément Terre est en excès, nous pouvons connaître la rigidité, la possessivité et l'attachement. C'est aussi l'élément de l'obstination ou de l'organisation à l'excès qui ne laisse pas de place à la bonne surprise.

Lorsqu'il est en carence, nous pouvons connaître l'insécurité, l'instabilité, le manque de concrétisation et de réalisme. On manque de sens pratique, il semble impossible d'être ici et maintenant.

Lorsque l'élément Terre est en équilibre, nous sommes calmes, stables et posés. Se manifestent alors dans notre vie la sécurité, le confort et la générosité. La structure nous porte, les fondations sont rassurantes ; patience et détermination nous amènent abondance, fertilité et enracinement. Nous sommes partout « à notre place ».

Les besoins fondamentaux qu'il nous permet d'assurer sont nos besoins physiologiques : nourriture, hydratation, repos, oxygénation. Les questions qui sous-tendent cet élément sont : **de quoi mon corps a-t-il besoin ? Quelle part de Moi est en train de s'exprimer à travers mon corps là, maintenant ?**

Il implique de connaître ce qui nous nourrit en profondeur en entrant en contact avec nos besoins et nos sensations les plus terriennes.

Nourrir son haut potentiel

L'alimentation fait partie de nos activités quotidiennes. Celle du haut potentiel est particulièrement importante du fait de la superstructure qui compose son cerveau, de la spécificité de son fonctionnement mais aussi parfois de sa particulière sensibilité qui l'amènera à réagir avec plus d'intensité à tout déséquilibre. En effet, le système nerveux se trouve également au niveau viscéral, notamment au niveau du système digestif (on parle de système nerveux entérique).

Au niveau macronutritionnel, nos aliments constituent notre structure et ce qui y circule, influençant directement notre santé physique et psychique. La qualité globale de ce que nous mangeons et l'équilibre nutritionnel sont fondamentaux. Je vous invite donc tout naturellement à adopter une alimentation la plus saine et la plus équilibrée possible.

Concernant le haut potentiel, au regard de ses spécificités neurobiologiques, trois facteurs essentiels sont à prendre en compte :

- l'état de santé des intestins ;
- la qualité micronutritionnelle de ce qui est absorbé ;
- le moment de la journée où sont absorbés les aliments.

Prendre soin de l'état de ses intestins

Pour qu'un apport alimentaire soit utile, nous avons besoin d'un système d'absorption et d'assimilation en bon état de marche. Autrement dit, la bonne absorption des nutriments apportés par notre alimentation repose avant tout sur l'intégrité de la muqueuse intestinale et l'équilibre microbiotique.

La bonne santé intestinale est par conséquent un prérequis indispensable à la vitalité, d'autant que 80 % de la sérotonine (un neurotransmetteur fondamental à notre équilibre, surtout chez le haut potentiel, voir p. 133) y est produite et que le système nerveux entérique (surnommé parfois « deuxième cerveau ») communique avec le cerveau *via* le nerf vague. Vous l'avez peut-être remarqué, difficile de se sentir bien lorsqu'on a mal au ventre.

Nos intestins contiennent plus de bactéries que nous n'avons de cellules dans le corps. C'est ce que l'on appelle le microbiote ou la flore. L'équilibre microbiotique peut être perturbé et la muqueuse intestinale irritée notamment par une mauvaise alimentation, le stress ou la prise de médicaments.

Ce n'est pas normal d'être ballonné, d'avoir le ventre dur ou gonflé en fin de repas, d'aller aux toilettes tous les trois jours (ou plus) et d'alterner avec des périodes un peu trop « liquides ». C'est signe d'une inflammation de la paroi intestinale et de dysbiose, un déséquilibre de la flore intestinale.

En cas de dysbiose, il convient d'abord d'éliminer sucres et céréales raffinées (le pain blanc, les pâtes) pour « affamer » les bactéries indésirables. Ensuite, il faut « réensemencer » avec les bonnes bactéries. Pour cela on peut apporter des probiotiques que l'on nourrira avec une alimentation riche en fibres solubles (dites « prébiotiques ») : ail, oignon, poireau, salsifis, topinambour, endive par exemple.

En cas d'inflammation, il faut en trouver la source. Elle est généralement alimentaire (l'intolérance au lactose ou au gluten est fréquente) ou physiologique (toxines, acidose, conséquence du stress le plus souvent). En tout cas, il faudra accompagner la muqueuse dans son processus de cicatrisation. Les compléments alimentaires à base de glutamine seront alors souvent indiqués.

Privilégier une alimentation micronutritionnellement dense

Les micronutriments, ce sont les vitamines, minéraux et oligoéléments. Ils participent à l'ensemble des réactions physiologiques du corps : sans eux, certaines opérations ne se réalisent plus complètement. C'est pour cela que l'alimentation vitalité repose essentiellement sur une alimentation micronutritionnellement dense.

Une telle alimentation se compose de produits frais, de saison, bio, crus ou croquants après passage à la vapeur ou en cuisson lente pour préserver leurs qualités micronutritionnelles.

On peut aussi augmenter la valeur micronutritionnelle de son assiette en y ajoutant des « superaliments », comme les graines de courge, de lin, de tournesol ou de chanvre, les noix de cajou, les amandes, les noisettes, les fruits secs (canneberges, raisins, physalis), le sel gris non raffiné (fleur de sel et gros sel), la spiruline, la maca, les graines de chia...

ASSUREZ LA CONDUCTIVITÉ

Chez le haut potentiel, les gaines de myéline situées dans le cerveau (voir p. 21) sont plus épaisses en raison d'une activité électrique plus importante.

Cette activité électrique rend essentiel un apport régulier et suffisant de minéraux, que ce soit par l'alimentation ou la supplémentation en cas de carence.

Pour m'assurer que mon corps reçoit bien l'apport nécessaire de tous les minéraux nécessaires à son bon fonctionnement, j'apprécie particulièrement les cures d'eau de Quinton[15]. Également appelé « plasma marin » parce que cette eau de mer a la même concentration en oligoéléments que le plasma sanguin (le liquide dans lequel baignent les cellules), c'est un excellent reminéralisant avec une grande biodisponibilité pour l'organisme. À adopter sous sa forme isotonique pour rééquilibrer l'organisme.

→

15. L'eau de Quinton est une solution à base d'eau de mer filtrée et stabilisée. Elle porte le nom du professeur et biologiste René Quinton dont les travaux de recherches ont montré les similitudes de composition entre l'eau de mer et le plasma sanguin à 98 %. L'eau de Quinton est disponible sous forme d'ampoules dans la plupart des magasins bio ou en bouteille sur différents sites internet spécialisés.

Il est également tout aussi important d'assurer le maintien d'une gaine de myéline en bonne santé pour permettre un bon fonctionnement du cerveau. Ce sera le rôle notamment des oméga-3. On en trouve dans les petits poissons gras des mers froides (maquereau, sardine, anguille, truite de mer, flétan, etc.), dans l'huile de colza, de noix, de lin, de germe de blé et de caméline, dans la mâche, les noix, les graines de lin, les épinards par exemple.

Un beau cadeau à se faire : les jus de légumes (à l'extracteur) sont vraiment des bombes nutritionnelles pour toutes les cellules. Pour les densifier encore plus au niveau micronutritionnel, j'aime les doper à l'eau de Quinton.

Pour favoriser la digestion et donc l'assimilation, prenez le temps de bien mastiquer et surtout de savourer, de goûter vraiment ce que vous mangez. Cela vient aussi nourrir votre Essence, venue expérimenter toutes les saveurs de la vie sur Terre. Vous pouvez même prendre le temps de remercier : il en a fallu des efforts et de l'énergie pour que tout cela arrive de la graine à votre assiette !

Le bon aliment au bon moment

L'idéal est d'apporter à votre corps ce dont il a besoin au bon moment en tenant compte du temps d'absorption. Pour cela, on peut suivre les principes de la chrononutrition, qui se base sur la chronobiologie du métabolisme et des neurotransmetteurs notamment. En suivant ces principes, le haut potentiel favorisera un bon tonus du système parasympathique, essentiel à son équilibre quotidien. Concrètement, voilà les principes généraux faciles à mettre en place pour être plein d'énergie sans s'épuiser.

➤ Le petit-déjeuner

Le matin est le moment le plus important de la journée en termes d'énergie. Pour aider tout l'organisme à éliminer les toxines nettoyées pendant la nuit, je vous invite à commencer votre journée par **un verre d'eau** tiède ou à température ambiante au réveil.

Avec un système nerveux déjà hyperexcitable, le haut potentiel évitera naturellement les excitants tels que le café ou le thé noir s'il est sensible à leurs effets.

Ensuite, deux options s'offrent à vous :

- Le jeûne intermittent qui consiste à ne pas manger pendant au moins 16 heures d'affilée (si vous dînez à 20 heures, vous ne mangez plus avant midi) et permettra de tonifier le nerf vague. Cela demande d'être déjà dans une bonne vitalité globale.
- Le petit-déjeuner de roi. Le jus d'orange-pain-beurre-confiture ou céréales n'est pas vraiment recommandé, il provoquera en fin de matinée une hypoglycémie de rebond[16]. Ici, on pense petit-déjeuner énergétique à faible charge glycémique riche en protéines et acides gras saturés : œuf à la coque ou au plat (le gras du jaune coulant est plus riche en oméga-3), pain demi-complet avec du beurre, fromage de chèvre frais cru, lait de coco, amandes, purée d'oléagineux (amandes, noisettes), graines de chia, avocat, houmous... Ce faisant, vous ferez le plein de tyrosine, précurseur de la dopamine, le « *starter* » de l'organisme et nourrirez votre cerveau de bons acides gras (voir p. 134).

➤ Un déjeuner riche en protéines

Pour vos repas, adoptez le principe de l'assiette trois tiers. Pour cela, visualisez votre assiette et découpez-la en trois parties égales :

- dans le premier tiers, vous mettez des protéines, animales si vous en consommez, comme une viande blanche ou un poisson, ou végétales comme des légumineuses ;

---

16. Responsable du fameux « coup de pompe » de 11 heures, après parfois un pic d'hyperactivité.

- dans le deuxième tiers, vous déposez généreusement vos légumes pour déborder un peu ;
- et vous remplissez raisonnablement le reste de céréales.

➤ Un goûter sucré pour l'énergie neuronale et la sérotonine

Pour reprendre un peu d'énergie en fin de journée, s'autoriser un goûter peut être une bonne idée. Vers 16-17 heures, c'est l'heure idéale pour faire le plein de tryptophane, le précurseur de la sérotonine (voir p. 133), le « frein » de l'organisme dont le haut potentiel serait en carence chronique et qui produira ses effets quelques heures plus tard. Mon goûter préféré pour cela : chocolat, banane, noix de cajou ou amandes.

➤ Un dîner léger pour un meilleur sommeil

De préférence, le dîner idéal est léger et se prend tôt pour ne pas perturber le sommeil avec la digestion. Adoptez de nouveau l'assiette trois tiers en disposant céréales et légumineuses ou poissons, avec vos légumes préférés de saison (mitonnés, en soupe l'hiver ou en salade l'été).

On se nourrit plusieurs fois par jour, on devient structurellement ce qu'on a mangé, il serait donc dommage de négliger cette dimension de l'être. Certaines habitudes de vie peuvent demander un temps d'adaptation avant d'être mises en place. Allez-y à votre rythme, prenez ce qui vous inspire tout en vous faisant plaisir et observez : vous verrez rapidement les résultats en termes de confort digestif, d'énergie physique et peut-être même d'humeur, surtout si votre haut potentiel s'exprime dans le spectre de la sensibilité émotionnelle.

Un sommeil paradoxalement riche

La qualité de notre sommeil est fondamentale à notre bien-être. Cela est encore plus vrai lorsqu'on est très sensible, je ne vous apprends probablement rien !

S'endormir quand on n'arrive pas à ralentir ses pensées peut se révéler problématique. Tout aussi problématique sont les réveils nocturnes qui s'éternisent. Ce sont généralement des indicateurs que notre système nerveux a besoin d'être régulé. Tout ce qui favorisera la détente et la relaxation dans l'heure qui précède le coucher sera donc vraiment bienvenu pour le haut potentiel qui rencontre ce type de difficulté.

Au cours de notre sommeil, différents cycles alternant sommeils léger, profond et paradoxal se succèdent. Chaque cycle dure généralement 90 minutes. Chez le haut potentiel, tout va plus vite, même le sommeil puisque ses cycles durent plutôt 70 minutes[17].

Durant la phase de sommeil paradoxal, la mémoire et le traitement des informations sont particulièrement actifs. Cette phase favorise la plasticité cérébrale, facilitant l'apprentissage, la création de nouvelles connexions neuronales et la réparation des lésions.

À la naissance, cette phase représente 50 % de la durée totale du sommeil. En grandissant, cette proportion diminue de plus en plus, pour représenter 7 à 9 % du sommeil d'un adulte. Chez le haut potentiel, cette phase conserve une importance significative dans le sommeil, allant jusqu'à 20 %. Cela expliquerait entre autres nos capacités de mémoire et d'apprentissage (à condition qu'il y ait un sens pour nous à retenir cette information).

Mais durant la phase de sommeil paradoxal, la production de sérotonine est inhibée. Cela expliquerait aussi la déficience en sérotonine souvent constatée chez le haut potentiel déprimé ou qui présente des troubles du sommeil. Nous reviendrons sur ce grand besoin en sérotonine chez le haut potentiel avec l'élément Eau.

---

17. Les données chiffrées de cette partie sur le sommeil proviennent des études menées par le professeur Revol.

C'est aussi durant cette phase de sommeil paradoxal que nous rêvons : **l'inconscient est alors pleinement à l'œuvre**. Malgré leur apparence parfois déroutante ou absurde, les rêves sont une mine d'informations. Ils nous guident en nous montrant le problème, sa cause et la solution. En apprenant à parler leur langage, celui de la projection et de la symbolique, nous pouvons prendre les bonnes décisions pour créer une vie en accord avec notre nature profonde. Nous y reviendrons dans le chapitre sur l'Essence (voir p. 169).

L'influence de la posture sur l'état d'esprit

Des raisons politico-historiques nous ont conduit à séparer le corps de l'esprit. La survalorisation de la pensée rationnelle, la répression des impulsions corporelles promues par certaines coutumes et religions, nos modes de vie stressants et les traumatismes affectifs ont progressivement amené nos corps à se fermer ou à s'engourdir.

Pourtant, corps et esprit sont intimement liés par tout un système dont l'être humain commence tout juste à percevoir la richesse et la subtilité : le système nerveux dans toute sa splendeur ! Nous avons vu les incidences que ce système pouvait avoir au niveau de nos réactions quotidiennes. Voyons à présent comment il influence notre bien-être global.

Vous l'avez peut-être remarqué, la façon dont nous nous tenons influence notre état d'esprit, notre humeur, nos émotions, notre énergie. Ainsi une posture assise, le dos voûté et la tête baissée amèneront progressivement un état déprimé. À l'inverse, lorsqu'on ne va pas bien dans sa tête, se redresser, ouvrir la poitrine, permet de mieux respirer et de sentir déjà un mieux-être quasi instantané.

Essayez ! Redressez-vous là, maintenant, puis faites remonter votre sternum (le devant de votre cage thoracique) d'un petit centimètre, prenez quelques respirations plus amples à cet endroit... Comment vous sentez-vous à présent ?

Il y a une raison neurobiochimique à cela. **En plaçant notre corps dans l'attitude physique correspondant à un nouvel état émotionnel plus positif, nous donnons une indication à notre système nerveux.** Il s'adapte alors à la situation en déclenchant la cascade hormonale nécessaire à l'adoption complète de cet état. Tout notre être se synchronise.

En cause : les fascias.

Libérer ses fascias

Longtemps considérés comme une simple enveloppe, les fascias entourent nos muscles, nos organes et nos os ; ils sont partout dans l'organisme. Ils se présentent comme une toile d'araignée géante, un peu comme le réseau très fin de la peau qui sépare les quartiers de l'orange, mais aussi celle qui constitue chaque « sac » de pulpe. Il faut les imaginer glissant les uns sur les autres, s'équilibrant pour maintenir l'intégrité de la structure. Ce réseau blanc et fibreux de tissu conjonctif joue à la fois un rôle de cloisonnement, de glissement et de tenségrité[18].

Aujourd'hui, on tend à considérer les fascias comme un système à part entière, qui bouge avec nos mouvements et se déforme avec nos attitudes, extérieures comme intérieures. Très innervés (donc en lien avec le système nerveux central), ils jouent un rôle fondamental dans la perception des sensations.

Récemment, il a été découvert que les fascias sont l'un des organes sensoriels les plus importants pour la proprioception (conscience de soi dans l'espace) et l'intéroception (conscience de l'intérieur de soi, du corps viscéral profond). Avec sa sensibilité toute particulière, le haut potentiel peut développer une grande finesse de ressenti au niveau viscéral grâce à cela.

---

18. Faculté d'une structure à se stabiliser par le jeu de forces de tension et de compression qui s'y répartissent et s'y équilibrent.

Là encore, l'information est ascendante à 90 %, elle va du corps à la tête et non pas l'inverse. Elle circule *via* les fascias, puis transite par le nerf vague ventral, le tronc cérébral, le cortex, avant d'être transmise par les neurotransmetteurs.

Les fascias sont en partie constitués de substance fondamentale. Sorte de gelée, elle est en pleine santé lorsqu'elle est hydratée, pulpeuse. Les fascias se déshydratent avec les crispations du corps, ils deviennent par endroits raides, faibles et collés, ne laissant plus l'information circuler et agissant sur notre comportement. Ce serait ainsi dans les fascias notamment que l'inconscient stockerait les informations sensorielles liées à des événements que le système nerveux n'a pu gérer dans l'instant, en raison de la trop grande intensité perçue. Par ailleurs, l'absence d'activité physique comme des attitudes corporelles systématiques figent progressivement nos fascias.

Pour libérer les fascias, il est nécessaire de les étirer de manière lente et progressive. Il s'agit de trouver le degré de mouvement approprié pour nous, en fonction de notre état de l'instant. **C'est un peu comme accorder notre instrument** : trouver la tension juste de la corde de notre corps pour équilibrer les tensions nécessaires à notre verticalité.

Le yoga tout comme l'ostéopathie ou d'autres formes de fasciathérapie permettent d'aller chercher plus spécifiquement encore les zones où se sont accumulés stress et mémoires.

En accédant aux fascias en profondeur, surtout au niveau viscéral, il est possible que certaines émotions refassent surface : nous sommes soudain envahis par une vague émotionnelle semblant émerger de nulle part. L'eau circule à nouveau, le tissu nerveux est mobilisé créant des phénomènes de libération corporelle (tremblements, picotements...). La modification cellulaire peut avoir lieu, la libération du conditionnement s'opère si nous laissons cette émotion suivre son chemin. Les fascias reviennent alors dans leur neutralité d'origine, à l'équilibre.

RÉÉQUILIBREZ VOS TENSIONS

Je vous invite à faire une pause dans votre lecture maintenant et à vous étirer ! Laissez faire votre corps tout naturellement, faites-lui confiance, il sait exactement ce dont il a besoin là tout de suite.

Il se peut que vous ayez envie d'étirer l'avant du corps, ou plutôt l'arrière, peut-être un côté, une diagonale ou tout autre chose.

La moelle épinière passant au centre de la colonne vertébrale, tous les mouvements de colonne auront nécessairement une influence sur votre système nerveux. L'idéal est de la faire bouger dans les six directions, seules ou en combinaison :

- en courbe vers l'avant (flexion), posture déjà favorisée par le mode de vie actuel ;
- en courbe vers l'arrière (extension), surtout au niveau de la cage thoracique, pour « ouvrir le cœur » ;
- en courbe sur chacun des côtés droit et gauche, surtout pour étirer le grand côté de la courbe ;
- en torsion, en tournant sur son axe côtés droit et gauche.

Faites confiance à votre corps, il a son intelligence et son équilibre propres. Si vous vous sentez démuni, pensez à ce que vous faites tout naturellement dans votre lit un dimanche matin paresseux.

Observez comment vous vous sentez après ces quelques mouvements simples et intuitifs.

Équilibrer et libérer vos fascias au quotidien vous permet de maintenir leur élasticité et un bon équilibrage des tensions entre elles tout en renforçant votre santé et votre état d'esprit de manière durable.

Les psoas, muscles de l'âme ?

Le psoas est le muscle le plus profond du système musculaire. Nous en avons un de chaque côté, à droite et à gauche. C'est le seul muscle du corps humain qui relie les jambes à la colonne vertébrale.

Le psoas contribue à stabiliser le corps, nous aide à maintenir l'équilibre en position verticale et nous permet de lever les jambes pour marcher. Un psoas fonctionnel favorise une bonne posture corporelle. Alors quand on a compris l'influence de la posture et de la respiration sur l'état d'esprit et l'humeur, difficile d'ignorer plus encore ses psoas !

Le psoas est connecté au diaphragme au niveau de ses insertions. Il est intimement lié à notre respiration, l'un pouvant influencer l'autre, ce qui lui vaut parfois le surnom de « muscle de l'âme ». Ce serait l'un des premiers muscles mobilisés en cas de peur pour nous permettre d'agir. Si l'état de stress devient chronique, le psoas finit par se figer (fascias obligent), voire se raccourcir, affectant notre état physique et émotionnel : le cerveau primitif reste également figé en mode Danger ou Survie, nous laissant avec un sentiment général de mal-être, de peur ou d'anxiété.

Beaucoup de facteurs de la vie moderne entravent sa flexibilité : vêtements serrés, posture assise sur des chaises inadaptées, port de chaussures trop rigides, sédentarité, mauvais schéma respiratoire. Cela peut générer, de manière parfois plus intense chez le haut potentiel, des tensions, un manque d'énergie, des angoisses inexpliquées, une fatigue chronique, parfois des problèmes digestifs, des maux de dos, un sentiment d'oppression thoracique et tant d'autres choses encore.

Étirer régulièrement nos psoas sera donc nécessaire compte tenu de nos modes de vie stressants. Laisser notre corps faire les mouvements qu'il souhaite faire spontanément est déjà un bon moyen de les mobiliser. Parfois, l'intervention d'un professionnel sera nécessaire pour retrouver leur pleine fonctionnalité.

Il existe différentes façons d'étirer ses psoas. Vous trouverez de nombreux tutoriels sur Internet. Je vous propose ici un étirement à genoux, régulièrement pratiqué en yoga notamment.

ÉTIREZ VOS PSOAS

Installez-vous à genoux et décollez les fesses des talons pour avoir le bas des jambes au sol et les cuisses perpendiculaires (« à genoux debout »). Avancez l'un de vos pieds pour amener une cuisse parallèle au sol, en fente.

Tout en conservant le buste droit, ramenez votre pubis vers votre sternum. Vous sentirez peut-être qu'il se passe quelque chose à l'avant de la jambe arrière. RESPIREZ et dirigez votre souffle là où les sensations sont peut-être plus intenses.

Pour aller plus loin dans l'étirement, vous pouvez monter le bras du côté de la jambe arrière vers le ciel.

Allez-y en douceur, souvenez-vous que l'étirement doit être lent et progressif pour les fascias entourant vos psoas. Prenez cinq respirations amples et profondes dans la posture avant de changer de côté.

En pratiquant régulièrement l'étirement de vos psoas, en mobilisant vos fascias pour les laisser se rééquilibrer, vous favoriserez autant votre équilibre physique que psychologique.

Plus vous mobiliserez cette zone en conscience, en étant présent à ce qui se passe concrètement dans votre corps, plus vous pourrez vous y reconnecter en profondeur et accéder à sa sagesse.

Se reconnecter au corps

Quand on est beaucoup dans sa tête, on en oublie parfois tout ce qu'il y a en dessous : le corps. Et quand on est très sensible, on peut être submergé par ses ressentis corporels et émotionnels. Il est possible qu'avec l'intention de s'en protéger on se soit progressivement coupé de ces sensations. On perd alors conscience de tout ce qui se passe sous la tête, c'est la dissociation.

Nous l'avons vu avec l'élément Air, revenir au corps est l'un des moyens les plus efficaces pour apaiser le système nerveux. Allons plus loin maintenant, parce que pour réintégrer notre être dans son entièreté, il est aussi nécessaire d'intégrer le corps.

En effet, le ressenti corporel est l'un des seuls indices qui peut véritablement nous servir de repère pour nous reconnecter à notre Essence, tous les autres sont « manipulables » par une partie du Moi : **le corps sait et il ne peut pas mentir.**

Une étape essentielle pour nous reconnecter pleinement à nous-même consiste donc à nous mettre à l'écoute du langage de notre corps, c'est-à-dire de nos sensations. Cela demande d'abord de s'ancrer dans le corps.

S'ancrer dans son corps

Souvent, les hauts potentiels ont beaucoup d'idées mais de grandes difficultés à les concrétiser. En cause, le manque d'ancrage, l'une des clés pour manifester ses désirs dans la matière. **S'ancrer, c'est revenir au corps en fixant son attention dessus pour ne pas laisser l'esprit s'en éloigner,** comme un bateau jette l'ancre pour ne pas dériver vers le large.

Lorsqu'on manque d'ancrage, on peut avoir la sensation d'être coupé du bas de son corps, des difficultés de concentration, des idées dans tous les sens, des pensées qui tournent en boucle, des crises d'angoisse, du mal à trouver et prendre sa place, une faible envie de vivre, une aspiration à la spiritualité très forte avec un certain déni du monde matériel et de sa réalité.

La raison pour laquelle nous ne sommes pas connecté à notre corps est le plus souvent que nous nous en sommes dissocié pour ne pas ressentir ce qui est intensément vivant en nous. La dissociation est un mécanisme de défense qui nous permet de nous sentir en sécurité dans la partie à laquelle nous restons associé, la tête souvent chez le haut potentiel.

Ainsi, on peut avoir tendance à se réfugier dans sa tête, dans son imaginaire ou dans la spiritualité pour se sentir plus en sécurité. C'est une stratégie humaine, l'homme le fait depuis toujours. Pour moi, cela a commencé par la lecture : adolescente, je me plongeais corps et âme dans les livres pour fuir ma réalité douloureuse. Drogues, alcool, écrans d'ordinateur ou de téléphone, les moyens modernes à notre disposition pour nous dissocier sont maintenant légion.

Le manque chronique d'ancrage vient ainsi souvent d'une peur fondamentale provenant généralement d'une blessure de l'enfance ou d'un traumatisme profond. Inutile donc de culpabiliser : il y avait une raison tout à fait valable à l'époque pour ne pas vouloir ressentir ce que nous ressentions.

ANCREZ-VOUS DANS VOTRE CORPS

Vous pouvez pratiquer cet exercice où que vous soyez, à tout instant.

Prenez conscience du contact de vos pieds avec le sol si vous êtes debout, de votre bassin avec votre support si vous êtes assis ou des parties en contact avec le sol ou le support si vous êtes allongé.

Laissez le poids de votre corps se déposer, comme si vous pouviez vous enfoncer de quelques millimètres supplémentaires ou que vous souhaitiez laisser une empreinte dans du sable.

Vous pouvez osciller légèrement d'un appui à l'autre, de droite à gauche, pour bien ressentir vos appuis de chaque côté.

Profitez de chaque expiration pour vous laisser descendre un peu plus dans vos pieds ou dans votre bassin.

Imaginez ou visualisez votre sacrum, la partie finale de la colonne vertébrale, comme un triangle pointe en bas qui vient se planter dans le sol.

Si des pensées surgissent, laissez-les passer sans vous y accrocher, si ce sont des émotions, revenez aux sensations pures, à votre ressenti.

Comptez dix expirations et observez comment vous vous sentez à présent.

On est rarement ancré une bonne fois pour toutes, surtout quand on est souvent dans sa tête. À tout moment de la journée, lorsque vous sentez que vous êtes parti dans votre tête, redescendez dans votre corps, prenez conscience de votre bassin, de vos appuis sur votre chaise ou le sol, des sensations dans votre corps, de votre respiration.

Juste pour observer ce qui s'y trame.

L'ancrage est le lien qui permet d'être présent à soi-même tout en étant bien connecté à son environnement, dans l'ici et maintenant.

Reconnaître ses sensations

Les sensations corporelles sont essentielles pour comprendre ce qui se passe dans le moment présent, et ce dont nous pourrions avoir besoin de nous occuper pour avancer vers notre épanouissement. Hors douleurs liées à un traumatisme physique, elles émaneront le plus souvent de nos cerveaux primitifs et limbiques, de nos profondeurs donc.

Il y a pourtant des choses que nous n'avons pas du tout envie de ressentir, soit en raison de leur intensité qui nous effraye parfois, soit en raison de l'étiquette « sensation indésirable » que nous avons choisi de leur accoler, encore une fois, probablement pour une raison tout à fait valable à l'époque. Parce que notre mécanisme de protection a été programmé de la sorte, nous évitons de les ressentir, nous les fuyons. C'est ainsi que progressivement nous confinons nos sensations à certaines zones du corps, comme pour les y emprisonner afin de ne pas avoir à y faire face.

Ce faisant, nous nous déconnectons inconsciemment d'une partie de nous-même. Alors, progressivement, on se sent incomplet, cherchant à l'extérieur une source de complétude. Apprendre à ressentir, à nommer ce qui est vivant en soi-même dans l'instant permet une profonde reconnexion à soi.

Distinguer les sensations des émotions n'est pas toujours aisé. Voici une liste de ressentis[19] pour apprendre à les reconnaître et affiner vos perceptions, tout en les différenciant des émotions :

---

19. Hoffman Institute.

Aéré
Ample
Bancal
Aérien
Bulles
Bloqué
Bourdonnant
Battement
Démangeaisons
Brillant
Brûlant
Centré
Contracté
Chaud
Congelé
Contraint
Coulant
Courbaturé
Creux
Difficile
Douceur
Détendu
Douloureux
Doux
Drainé
Électrique
En bois
Endolori
Engourdi
Essoufflé
Épineux
Étouffé
Étourdi
Fluide
Expansion
Flottant
Fraîcheur
Froid
Glacé
Frissonnant
Libéré
Lisse
Humide
Lourd
Lumineux
Martèlement
Meurtri
Nauséeux
Palpitant
Plein
Picotement
Noué
Ralenti
Rayonnant
Pression
Sensible
Serré
Resserré
Rigide
Terne
Spacieux
Tendre
Tendu
Tremblant
Tremblotant
Vibrant
Vagues
Vidé

Plus nous serons détendu, ouvert et réceptif, moins nous contrôlerons donc, plus nous pourrons ressentir de nuances et plus nous pourrons aller progressivement en profondeur.

Le plus souvent, ce qui bloquera notre ressenti sera un mécanisme de protection. Nous remarquerons alors peut-être des zones de tension ou d'engourdissement. En leur apportant de l'attention bienveillante, c'est-à-dire en étant prêt à les accepter telles qu'elles sont sans chercher à les changer ou les faire disparaître, nous leur offrirons un espace de sécurité pour progressivement émerger.

Et cela prend parfois du temps. Je vous invite donc à vous engager dans un processus patient et bienveillant envers vous-même. Dans une « société micro-ondes » où nous avons pris l'habitude que tout aille très vite, cela n'est pas évident. Pourtant, si vous forcez, vous vous violenterez à nouveau. En progressant en douceur, vous pourrez arrêter ce cycle de violence envers vous-même.

★ PRATIQUE FONDAMENTALE : HABITEZ VOTRE BULLE SUR TERRE

Cette méditation est une invitation à plonger dans vos ressentis, à laisser émerger toute manifestation de vie sous forme de sensations dans votre corps.

Installez-vous dans une posture confortable pour vous, assis ou allongé, et fermez les yeux si vous vous sentez suffisamment en sécurité. Portez votre attention sur votre corps.

Relevez d'abord les sensations de contact avec l'extérieur : l'air sur votre peau, les points de contact avec la matière, votre siège, un tissu, une odeur peut-être.

Lorsque vous ressentez une sensation, nommez-la à voix haute. Vous créez ainsi un lien entre votre cortex et vos sensations en contact avec vos profondeurs pour une intégration complète.

Puis venez-en aux sensations à l'intérieur de vous-même. Continuez à nommer ce que vous ressentez à voix haute.

Par exemple : tension dans mon omoplate gauche, ventre noué, mâchoire qui se relâche, gorge qui se serre, etc.

L'engourdissement est une sensation. La sensation de ne rien ressentir aussi. Nommez cela si c'est ce que vous ressentez.

→

Abordez ce qui émerge avec tendresse et ouverture. Ce n'est qu'une sensation et vous n'êtes pas cette sensation. Si elle fait surface, c'est que votre système sait que vous êtes en mesure de l'expérimenter. Vous pouvez lui faire confiance, il ne veut que votre bien-être.

Si votre corps a besoin de bouger, de s'exprimer, laissez faire. Puis revenez au centre de vous-même. Que ressentez-vous maintenant ?

Il peut être utile de se donner un temps de pratique (5-10-20 minutes), afin de signifier à l'inconscient que vous ouvrez un espace pour le laisser émerger et que vous vous engagez à rester présent pendant tout ce temps, quoi qu'il arrive, ou pas.

La clé pour évoluer, c'est de ressentir

Le corps n'oublie rien : notre corps et notre système nerveux portent une grande partie de notre histoire de vie, de nos ancêtres, de nos victoires et de nos blessures. En acceptant de ressentir nos sensations en conscience, nous nous offrons l'opportunité de transformer l'histoire pour la faire évoluer et cesser de la répéter si elle ne nous convient pas. Toutes les sensations, aussi inconfortables soient-elles, sont donc les bienvenues parce qu'elles sont là pour une bonne raison : notre inconscient nous parle avec son langage.

Généralement le message que notre inconscient tente de nous faire passer à travers les sensations est soit « libère-moi », soit « écoute-moi ». En effet, si une partie inconsciente de nous n'est pas prête à être libérée, vue ou entendue, elle ne fera pas surface et restera cachée dans nos profondeurs.

Nous pouvons aborder nos sensations de différentes façons :

- **comme un observateur distant et extérieur à elles.** Nous en sommes alors dissocié, ce qui permet de ne pas en ressentir l'intensité. Cela est utile lorsque nous le choisissons consciemment, non pas comme une fuite de notre réalité mais comme un moyen de prendre temporairement de la distance face à une intensité qui nous fait largement sortir de notre fenêtre de tolérance. Si l'inconfort est tolérable, lorsque nous sommes juste au-delà de cette fenêtre, nous pouvons aller plus loin dans le ressenti. En attendant, nous observons, nous conscientisons ;

- **comme l'expérimentateur de celles-ci.** Nous sommes alors conscient de ce que nous sommes en train de vivre, ce qui permet de ressentir l'intensité tout en étant un contenant plus large pour celles-ci. C'est le mode de la présence où nous acceptons ce qui est là, sans tenter d'y échapper mais sans non plus s'y identifier au risque de l'entretenir ou de s'y perdre. Nous accueillons ;
- **comme si nous étions les sensations elles-mêmes.** Nous vivons alors pleinement l'intensité de notre ressenti, de ce qui nous traverse. Lorsque nous restons proche de notre fenêtre de tolérance, nous pouvons entrer en relation avec ces sensations et les laisser s'exprimer. Nous libérons.

Si après avoir été observée une sensation est toujours bien présente, c'est qu'elle a besoin de plus que d'être simplement vue. Il s'agira par conséquent de rester curieux : quelle est cette sensation ? Où se trouve-t-elle précisément dans votre corps ? A-t-elle une forme, peut-être une couleur ? Pouvez-vous la laisser être là, sans chercher à la contrôler, en lui laissant prendre toute la place qu'elle a besoin d'occuper en cet instant ?

Vous pouvez alors ouvrir le dialogue avec cette sensation. Demandez-lui quel est son rôle dans votre vie aujourd'hui et de quoi elle a réellement besoin. Il ne serait pas étonnant d'apprendre que cette part de vous qui s'exprime ainsi aspire profondément à quelque chose.

Si elle demande à être libérée, vous pouvez plonger dans cette sensation, vous autoriser à ressentir viscéralement ce qu'elle ressent. Laissez votre corps faire ce qu'il a à faire : des sons (gémissements, cris, râles, etc.), et/ou peut-être aussi des mouvements (se mettre en boule, s'étirer, piétiner, taper, se secouer, etc.). Observez si vous essayez d'imaginer avec votre tête ce que votre corps devrait faire et, si c'est le cas, revenez à votre sensation : laisser faire spontanément le corps, vous êtes en train de terminer un cycle de stress inachevé.

Si vous n'avez pas l'habitude de laisser faire votre corps, ce qui serait bien normal puisque c'est bien souvent ce que nous apprenons dès notre plus jeune âge, cela peut vous paraître étrange au début. Ce n'est qu'une sensation, vous survivrez à cette expérience sinon elle n'aurait pas fait surface. Vous êtes simplement celui qui en fait l'expérience.

Plus vous vous autoriserez à laisser votre corps s'exprimer, plus cela sera libérateur : **vous avez le droit de ressentir ce que vous ressentez** ; **vous avez le droit d'exprimer ce que vous ressentez.**

Si les sensations sont intenses, si vous sentez que votre système nerveux s'active particulièrement ou que vous ne ressentez plus rien, c'est que vous êtes hors de votre fenêtre de tolérance. Prenez un temps pour vous ressourcer avant de poursuivre si nécessaire : une main rassurante sur la nuque ou sur le ventre, un contact chaleureux sur le cœur ou les bras par exemple. Vous pouvez vous reporter à votre liste de ressources (voir p. 62).

S'il n'est pas possible de nous sentir en sécurité totale à tout instant, en revenant au corps nous pouvons souvent prendre conscience que, là maintenant, nous sommes relativement dans une bonne sécurité physique. Pour tout le reste, il sera souvent nécessaire de faire appel à l'élément Eau ou à l'élément Air.

L'essentiel à retenir

→ Vous avez un corps à l'intelligence propre sous votre tête !

- Pour bien vivre au quotidien : nourrissez physiquement votre haut potentiel, bougez et ancrez-vous dans votre corps.
- Pour évoluer sur le long terme : reconnectez-vous en observant et en accueillant toutes vos sensations, vous n'êtes pas vos sensations, c'est la vie qui vous traverse.

3. EAU

FLUIDIFIEZ VOS ÉMOTIONS

Imaginez un ruisseau qui coule à côté de vous, écoutez le clapotis de l'eau, peut-être voyez-vous les éclats d'argent ou d'or du soleil qui s'y reflètent ; baignez-y vos pieds, sa température est juste ce qu'il vous fallait, vous pouvez sentir cette eau nettoyer votre intérieur, emportant avec elle tous les trop-pleins, la noirceur et les lourdeurs...

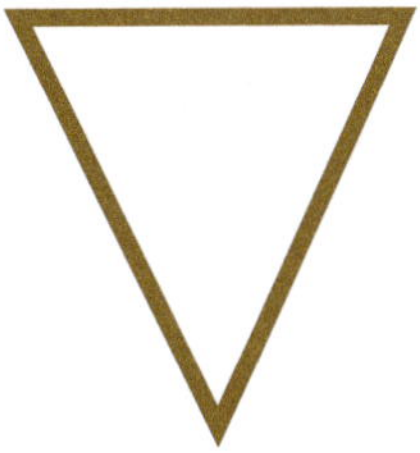

L'élément Eau représente l'énergie émotionnelle et affective.

Le haut potentiel avec sa sensibilité toute particulière pourra connaître des hauts et des bas émotionnels intenses tant qu'il n'aura pas accueilli cette forme d'intelligence spécifique. En conscientisant ses émotions, en dialoguant avec elles, il découvrira un véritable atout au quotidien pour avancer vers son épanouissement. Les émotions ainsi apprivoisées, il pourra réintégrer toutes les parties de son être, y compris celles tapies dans l'Ombre de ses profondeurs.

Bienvenue dans le monde puissant de la fluidité, de la douceur et de la souplesse, bienvenue au cœur de l'élément Eau !

L'élément Eau

L'élément Eau a une énergie douce et enveloppante, fluide. L'eau épouse les formes, garde en mémoire ce qu'elle rencontre. Son mouvement vers le bas en va-et-vient et son rythme, lents au départ, peuvent s'accélérer beaucoup.

L'Eau symbolise la sensibilité, les émotions, la réception, l'adaptabilité, l'imagination. Elle est aussi liée à la fluidité et à la communion avec la vie qui prend soin des êtres et des choses à travers un mouvement constitué de cycles, de rythmes et de vagues.

Lorsque l'élément Eau est en excès, nous pouvons connaître un débit torrentiel d'émotions, de mouvements ou d'activité. Tout déborde, nous sommes noyé par les ressentis et les émotions.

Lorsqu'il est en carence, alors nous pouvons connaître la lenteur, la nonchalance, voire la sécheresse. Coupées des émotions, les relations sociales peuvent être difficiles par manque d'empathie.

Lorsque l'élément Eau est en équilibre, nous connaissons la fluidité, le lien et la cohérence. Sensibilité et apaisement cohabitent. La sensibilité au subtil est présente.

Les besoins fondamentaux qu'il nous permet d'assurer sont d'ordre social : nos besoins d'amour et d'appartenance. Les questions qui sous-tendent cet élément sont : **de quoi ai-je besoin ? Quelle part de Moi ne se sent pas aimée, acceptée là, maintenant ?**

En devenant capable de reconnaître nos besoins et nos émotions, notre sensibilité devient source de force et contribue à notre sentiment d'être pleinement vivant. Nous faisons preuve de maturité émotionnelle. Cela implique de connaître ce qui nous nourrit en profondeur, en entrant en contact avec nos besoins et nos émotions les plus cycliques.

Sensibilité, hypersensibilité, de quoi parle-t-on exactement ?

La sensibilité peut recouvrir différents champs :

- la sensibilité **sensorielle**, physique, environnementale ;
- la sensibilité **émotionnelle**, affective ;
- la sensibilité **extrasensorielle**, sixième sens et au-delà.

Nous avons vu en première partie que le haut potentiel, qu'il soit intellectuel (HPI) ou sensible (HPS), est un spectre. Chaque individu concerné présentera donc des niveaux de sensibilité différents dans ces divers domaines. Pour bien comprendre l'hypersensibilité, revenons un temps à notre cerveau.

L'amygdale est une zone du cerveau limbique. C'est la première à percevoir les images, les sons, les odeurs et les sensations en provenance de l'environnement. Chez le haut potentiel, elle serait plus active, sensible, vigilante, déclenchant l'alerte plus facilement que la moyenne. Il a en effet été observé un seuil de détection plus bas des sensations externes et internes. On parle dans ce cas d'hyperactivité. Cela expliquerait l'hypersensibilité sensorielle ressentie par certains hauts potentiels. La clé sera dans la régulation du système nerveux et le respect de nos besoins de calme, de lumière tamisée, de textiles doux, etc.

L'amygdale attribue également une valeur affective aux événements de façon automatique, sans que la conscience n'ait eu le temps de l'analyse. Plus la réceptivité de l'amygdale est grande, plus les perceptions et les réactions émotionnelles sont nombreuses et fréquentes. C'est aussi souvent le cas chez le haut potentiel. Sa vitesse de transmission neuronale spécifique, couplée à un traitement intellectuel plus rapide des stimulations et des émotions par le cortex préfrontal, explique alors l'intensité affective puissante : l'hypersensibilité émotionnelle.

Lorsque le système limbique est saturé par une forte charge émotionnelle, le néocortex, la « raison », est mis hors de service. Il devient impossible de rationaliser, les émotions prennent le contrôle. En tant que haut potentiel, il sera par conséquent indispensable d'apprivoiser nos réactions émotionnelles, de créer une forme d'intimité avec elle, pour qu'elles ne prennent pas le contrôle de notre vie.

Pour cela, rien de tel que de comprendre ce qu'est une émotion. Nous verrons aussi que notre propre chimie interne peut modifier notre perception de la réalité et qu'il est possible de réintégrer toutes les couleurs de notre palette émotionnelle, pour qu'aucune ne reste dans l'Ombre.

Qu'est-ce qu'une émotion ? À quoi sert-elle ?

Du latin *motio*, mouvement, une émotion est une mise en mouvement. Et **le mouvement, c'est la vie** ! Tout bouge, change, constamment dans la nature : pas de vie sans mouvement ou changement. En tant qu'être humain, il est donc normal de ressentir des émotions, la seule chose à faire est alors d'apprendre à suivre le mouvement plutôt que d'y faire barrage.

Les émotions sont dès lors naturelles. Elles initient et organisent les réponses des différents systèmes (nerveux, circulatoire, hormonal, cérébral, etc.) pour nous permettre de répondre de la manière la plus efficace pour notre survie et celle de l'espèce dans le plus grand nombre de situations. Ainsi, la colère nous prépare au combat. La peur nous prépare à la fuite, ce qui nous est bien utile lorsqu'elle vise à préserver notre intégrité physique[20]. La tristesse quant à elle provoque le repli sur soi, le temps de traverser la déception ou le chagrin provenant de la séparation (momentané ou pas) ou d'un changement de situation (déménagement, maladie, licenciement par exemple).

20. Il en va différemment des peurs sociales, en lien avec le regard des autres (généralement dues à la vision du monde de nos parents que nous avons internalisée, à un sentiment d'insécurité, un manque de confiance en soi ou à des mémoires inconscientes), qui peuvent être bénéfiques à notre survie, parfois beaucoup moins à notre épanouissement. Nous y reviendrons par la suite.

Au niveau de l'individu, chaque émotion a donc pour fonction de nous adapter à un type de situation, provoquant une tendance à réagir de telle ou telle façon, inhibant certains comportements et facilitant d'autres. Socialement, les émotions nous renseignent aussi sur l'état de l'environnement, de la relation, les besoins de notre interlocuteur, nous permettant d'adapter notre comportement.

Il est de ce fait normal et humain de ressentir toute une palette de couleurs, une gamme d'émotions. Pour se sentir pleinement vivant, il est important d'accepter de vivre toutes les couleurs de l'arc-en-ciel. Parce que notre système ne sait pas toujours nuancer le programme, nous couper d'une émotion c'est parfois nous couper de toutes. En soi, il n'y a donc pas d'émotions « positives » ou « négatives ». Elles peuvent être confortables ou inconfortables à vivre, mais elles sont toutes adaptées tant au besoin de l'individu qu'à ceux de l'espèce.

Elles sont ainsi fonctionnelles, toujours porteuses d'un message qui nous informe sur l'état de satisfaction de nos besoins fondamentaux, qu'ils soient physiques ou psychosociaux. L'équation des émotions est très simple :

besoin satisfait = émotions et sensations agréables

besoin non satisfait = émotions et sensations désagréables

Ce qui est parfois dysfonctionnel en revanche, c'est le comportement que nous adoptons en réponse. Et quoi de plus naturel lorsque nous n'avons pas reçu l'intimité et l'éducation émotionnelle dont nous avions besoin étant enfant, pour nous permettre d'apprivoiser nos émotions d'alors ? Nous verrons qu'il est possible de le faire autrement qu'en les « gérant » avec le mental ou en les supprimant purement et simplement.

ABC des émotions

Portées par le corps, les émotions ont besoin d'être accueillies. Certaines sont parfois enfouies profondément, comme enfermées. Apprendre à laisser nos émotions s'exprimer totalement sera extrêmement libérateur quand on est hypersensible. C'est la voie pour nous sentir pleinement vivant ! En pratique au quotidien, il s'agit de savoir comment accueillir l'émotion qui nous traverse pour découvrir le message caché derrière, véritable GPS sur le chemin de l'épanouissement.

Là encore, le système nerveux autonome est à l'œuvre. Le nerf vague et donc les sensations viscérales seront ainsi souvent impliqués, parfois avec intensité chez le zèbre, avant que l'information ne parvienne au cerveau rationnel. Le processus est toujours le même, en voici les principales étapes.

A… comme alerte

Les émotions sont liées au cerveau limbique. Lorsqu'une émotion survient, c'est que notre système de surveillance a perçu quelque chose qu'il estime suffisamment menaçant pour déclencher un état d'alerte. Il espère de cette façon nous permettre de survivre avec une dépense optimisée d'énergie en se référant à son propre programme interne.

À ce stade, l'essentiel est de ressentir et de nommer ce qui se passe à l'intérieur, plutôt que de nous laisser envahir : OK je suis en colère/triste/j'ai peur.

Entrez alors dans votre espace intérieur, votre bulle d'air et faites-la descendre dans votre corps pour vous connecter à votre ressenti.

Pour vous aider à identifier ce que vous ressentez, à enrichir votre vocabulaire et votre intelligence émotionnelle afin de créer des liens plus subtils avec vous-même et les autres, voici les émotions et sentiments les plus universels que nous éprouvons selon que nos besoins sont nourris ou non.

Sentiments que nous éprouvons lorsque nos besoins sont satisfaits[21]

À l'aise
Alerte
Amusé
Admiratif
Amoureux
Apaisé
Attendri
Allégé
Béat
Attentif
Aux anges
Bien disposé
Bouleversé
Calme
Charmé
Comblé
Confiant
Content
De bonne humeur
Décontracté
Délivré
Ébahi
Détendu
Ébloui
En effervescence
Égayé
Emoustillé
Emballé
Emerveillé
Enchanté
Encouragé
Enflammé
En harmonie avec
Enjoué
Enthousiasmé
Espiègle
Étonné
Éveillé
Étourdi
Exalté
Expansif
En extase
En expansion
Fasciné
Fluide
Exubérant
Frémissant
Gai
Gonflé à bloc
Grisé
Heureux
Hilare
Intéressé
Intrigué
Inspiré
Léger
Libre
Jubilant
Joyeux
En liesse
Mobilisé à
Nourri
Optimiste
Radieux
Paisible
En paix
Proche
Ragaillardi
Passionné
Radouci
Ravi
Rasséréné
Rassasié
Rassuré
Ravigoté
Reconnaissant
Réconforté
Régénéré
Remonté
Revigoré
Satisfait
Réjoui
Serein
Stimulé
Sidéré
Sécurisé
Soulagé
Sûr de soi
Tranquille
Transporté de joie
Vivant
Touché
Vibrant
Vivifié

21. Center for NonViolent Communication.

Ou bien d'humeur...

Câline **Aventureuse** Pétillante
Espiègle Insouciante

Ou bien plein...

D'affection
D'amour
D'appréciation
De compréhension
D'ardeur
De courage
De curiosité
De douceur
D'énergie
D'élan
D'espoir
De gratitude
D'entrain
De tendresse
De vitalité (vie)
De zèle

Sentiments que nous éprouvons lorsque nos besoins sont insatisfaits

À bout
Abattu
Accablé
Agité
Affligé
Allarmé
Affolé
Agacé
Amer
Attristé
Angoissé
Anxieux
Blessé
Bouleversé
Atterré
Cafardeux
Choqué
Confus
En colère
Consterné
Contrarié
Craintif
Courroucé
Crispé
Débordé
Déconcerté
Décontenancé
Démoralisé
Découragé
Déçu
Sur la défensive
Dépité
Déprimé
Dérouté
Désappointé
Désemparé
Désenchanté
Désolé
Désespéré
Effrayé
Désorienté
Détaché
Ecœuré
Énervé
Embarassé
Embrouillé
Exaspéré
Excédé
Fâché
Épuisé
Fatigué
Fragile
Frustré
Gêné
Furieux
Haineux
Hésitant
Honteux
Horrifié
Horripilé
Impatient
Impuissant
Incommodé
Inquiet
Indécis
Insatisfait
Instable
Inerte
irrité
Ravi
Jaloux
Intrigué
Lourd
Lassé
Mal à l'aise
Malheureux
Mécontent
Méfiant
Navré
Moral (qui n'a pas le)
Mélancolique
Nerveux
Perplexe
Saturé
Pessimiste
Paniqué
Peiné
Perturbé
Préoccupé
Secoué
Soucieux
Réticent
Seul
Sceptique
Stupéfait
Soupçonneux
Surexcité
Tiraillé
Surpris
Terrifié
Troublé
Vidé
Tourmenté
Ulcéré
Triste
Vexé

Ou bien d'humeur...

Chagrine

Maussade

Massacrante

Morose

Sombre

Ou bien plein...

D'agressivité

De dégoût

De culpabilité

D'ennui

De lassitude

De peur, de trouille

De rancœur

De pitié

De réserve

De ressentiment

Nommer votre émotion va vous permettre de reconnecter votre mental, votre cortex, à vos cerveaux limbique et primaire. Ainsi vous éviterez aussi qu'il les alimente par des pensées en se racontant toute une « histoire » à ce moment-là.

B... comme bain d'hormones

Par une cascade de réactions biochimiques, votre système nerveux provoque des adaptations physiologiques pour vous permettre de réagir au danger en combattant ou en fuyant par exemple. Votre corps est alors imprégné d'hormones qui vous préparent à effectuer une action physique.

Par exemple, la colère fait augmenter le rythme cardiaque et provoque un afflux de sang dans le haut du corps pour nous préparer à frapper, tandis que la peur va nous figer un instant, aiguisant nos sens pour nous permettre d'évaluer un danger et la réaction appropriée à adopter.

Sous la charge hormonale, dont l'intensité varie tant objectivement sous l'influence des hormones (voir p. 125) notamment, que subjectivement selon la sensibilité de chacun, vous pouvez « choisir » d'exploser, puis regretter, ou en faire une grosse boule grise, noire, rouge, bleue ou autre dans un recoin de votre corps qui répondra à la maxime : « ce que l'on réprime, s'imprime ; ce à quoi on résiste, persiste ; ce que l'on fuit, nous poursuit ; mais ce à quoi on fait face... s'efface ».

Faire face, c'est d'abord accompagner la décharge hormonale véhiculée par le sang, un fluide, comme l'eau. Laissez-la suivre son chemin, sinon vous risquez à terme le débordement intense suite à la rupture du barrage mis en place.

Vivre l'émotion quand elle surgit ne signifie naturellement pas exploser sur l'autre. Il s'agit de laisser au corps faire le mouvement et les sons qu'il a besoin de produire. Rappelez-vous que l'émotion est originellement là pour provoquer un mouvement du corps : si on empêche ce mouvement, on retient une partie de l'émotion.

Nous l'avons vu avec l'élément Terre : vous avez la capacité d'observer que ce ne sont finalement que des sensations et d'en faire simplement l'expérience.

Revenez alors à la pratique d'accueil des sensations. Fermez les yeux pour prendre conscience de l'endroit où vous ressentez une intensité particulière dans votre corps. Puis permettez au flux d'aller où il veut. Faites confiance à votre ressenti viscéral, respirez : l'émotion connaît le chemin. Laissez votre corps émettre les sons ou faire les mouvements qui viennent : tapez sur un coussin, faites le lion, tremblez de tout votre corps, soupirez, pleurez...

L'émotion finit toujours par passer. Elle dure généralement quelques secondes à quelques minutes à peine. Au-delà, c'est le mental, les pensées qui l'alimentent.

Si besoin, ressourcez-vous. Quelques « mmmm », un soupir, quelques étirements, des contacts rassurants...

QUE FAIRE DE SA COLÈRE ?

En communication non violente, la colère est vue comme une émotion particulière. Elle est le signe que :

- il y a quelque chose que je veux et que je n'obtiens pas ;
- je me dis que quelqu'un DEVRAIT me donner ce quelque chose (je n'accepte pas la réalité et crois à ma toute-puissance) ;
- je suis sur le point de me comporter d'une façon qui me donne très peu de chances d'obtenir ce que je veux, ou de l'obtenir par la soumission ou la culpabilisation.

Bref, dans notre tête c'est la faute de l'autre, il a tort ou il ferait mieux de faire comme nous le souhaitons ! Surtout, la colère est le signe que nous sommes focalisé sur des pensées qui nous coupent de nos besoins. Cette sorte de colère est donc destructrice car coupée de la vie. Ne dit-on pas « Je suis hors de moi » ?

→

Contrairement aux autres émotions qui prennent racine dans le fait que l'un de nos besoins n'est pas rejoint, la colère trouve sa source dans nos pensées sous-jacentes et inconscientes : il devrait, il aurait dû, il faudrait, il ne faut pas. Nous sommes dans le registre des injonctions de nécessité.

Ces pensées nous ne les choisissons pas nécessairement dans un premier temps, mais avant d'exploser, nous pouvons choisir de tourner notre attention sur les besoins plus profonds qui demandent à être nourris : ce qui est vivant en nous.

Nous pouvons alors revenir à nous (en nous taisant pour observer ce que nous nous disons) et chercher les besoins non rencontrés à cet instant. Il est possible que nous rencontrions la déception, la frustration ou l'impuissance, la peur ou la tristesse. La colère désamorcée, le processus de connexion au besoin est lancé.

Il est aussi possible que nous nous sentions en colère contre nous-même, alors nous nous tapons intérieurement dessus avec nos pensées. En réalité, nous culpabilisons (J'aurais dû, je devrais faire/ne pas faire, être/ne pas être). À la longue, un tel sentiment internalisé peut se transformer en honte de soi. La réintégration de l'Ombre trouvera alors toute sa place pour nous permettre d'accueillir cette part « moins que parfaite » de nous-même.

C… comme calme et conscience

Après un certain temps, la décharge neuro-émotionnelle aura cessé ses effets. Ce sera d'autant plus rapide que vous l'aurez consciemment accompagnée dans votre corps en ouverture. Les eaux vont retrouver leur calme. C'est le moment d'identifier l'information contenue dans l'émotion, d'**entendre le message** : rappelez-vous que les émotions sont avant tout là pour vous transmettre une information sur l'état de satisfaction de vos besoins individuels et que les besoins varient au fil de la journée, des saisons et des années.

Afin d'obtenir de la clarté sur ce besoin, je vous invite à vous plonger au cœur de votre ressenti, de prendre ce temps avec vous-même, avant de valider peut-être avec votre tête la liste de vos besoins, ce à quoi vous aspirez au fond (voir p. 28).

Vous savez que vous avez identifié votre besoin profond du moment lorsque vous éprouverez une forme de soulagement physiologique (soupir, détente, relâchement).

Prendre l'entière responsabilité de ses ressentis est une clé fondamentale pour s'épanouir. Pour éviter de faire porter la charge de la satisfaction du besoin qui a déclenché votre émotion sur quelqu'un ou quelque chose qui ne dépend pas de vous, je vous invite donc à éviter la forme « J'ai besoin que tu/il/elle/vous/nous... » pour lui préférer la formule :

« J'ai besoin DE... »

S'exprimer en termes de besoin apporte de la clarté sur ce qui se passe au fond de son être et permet de faire le point sur ce qui est important pour soi en cet instant.

D... comme décision

Vous avez reçu une information précieuse qui vient de votre inconscient. Vos profondeurs vous amènent à réagir... Qu'allez-vous faire maintenant ?

Prendre une décision et poser une action en conscience (et non plus sous le coup de l'émotion) est possible maintenant, pour nourrir vos besoins et vous rapprocher de l'harmonie intérieure.

Ce peut être le moment de formuler une demande, à vous-même ou à l'autre, pour convenir d'un moyen de satisfaire ce besoin si cher à vos yeux : une action concrète, réalisable en langage affirmatif, à accomplir maintenant.

Parfois cela ne sera même pas nécessaire, le simple fait d'être allé à la rencontre de votre besoin pourra suffire à retrouver la paix intérieure.

Apaiser ses émotions grâce aux huiles essentielles

Les huiles essentielles sont des substances végétales qui contiennent des molécules biochimiques à la fois très odorantes et très actives. Or dans le nez se trouvent des terminaisons nerveuses directement reliées au cerveau limbique, celui qui gère nos émotions dont fait partie l'amygdale. Ainsi, les odeurs portées par les molécules d'un arôme peuvent agir directement sur nos émotions et notre niveau de stress ou d'anxiété. Ce serait vraiment dommage de se priver d'un tel plaisir des sens, surtout quand on est particulièrement sensible ou que l'on a un cerveau hyperexcitable !

Chaque individu est unique et réagit plus ou moins favorablement à certaines odeurs, en fonction de ses préférences personnelles et de son expérience de vie. Je vous invite à explorer les huiles qui vous conviendront le mieux, afin de trouver celle qui pourra vous accompagner le plus efficacement en ce moment.

Comment utiliser les huiles essentielles ?

Pour agir sur le système nerveux, les huiles essentielles peuvent être utilisées par plusieurs voies :

- **La voie olfactive** aura une action sur les tissus nerveux et sera donc particulièrement recommandée pour agir sur le stress, le comportement et les émotions. On pourra par exemple prendre quelques respirations profondes directement au-dessus du flacon. On peut aussi déposer deux ou trois gouttes de l'huile choisie sur l'intérieur des poignets et joindre ses mains paumes ouvertes vers le visage pour respirer profondément l'odeur de ses poignets.
- **La diffusion atmosphérique** produira des effets similaires à moindre échelle, compte tenu du nombre bien plus faible de particules qui parviendront aux terminaisons nerveuses.

• **La voie cutanée** permet d'utiliser en massage certaines huiles essentielles diluées dans une huile végétale. On pourra alors les appliquer par exemple le long de la colonne vertébrale ou sous les pieds pour apaiser le système nerveux, ou encore sur le plexus solaire en cas d'anxiété.

Cinq huiles essentielles pour calmer et apaiser le système nerveux

Voici mes huiles essentielles favorites[22] pour apaiser le système nerveux, donc les émotions. Toutes ces huiles agissent sur le système nerveux autonome, ont des propriétés antispasmodiques, calmantes, voire sédatives. Inhalées, elles permettent en une vingtaine de secondes d'agir sur la chimie du cerveau.

L'huile essentielle de **lavande vraie** ou fine (*Lavandula angustifolia*) est un incontournable. Antistress puissant, calmant nerveux (impatience, irritabilité, nervosité, agitation, surexcitation, angoisses, anxiété, insomnies), antiseptique, antibactérien, anti-inflammatoire, cicatrisant, antifatigue, cette huile presque miraculeuse soulage aussi les démangeaisons des piqûres de moustiques. Je recommande à tout haut potentiel d'en posséder au moins un flacon à l'action polyvalente, notamment sur le système nerveux, à moins que son odeur ne dérange naturellement. Elle peut être utilisée diluée chez les enfants.

L'huile essentielle de **petit grain bigarade** calme et apaise tout en redonnant de l'énergie. Elle soulage la dépression, calme la colère, apaise les obsessions et les somatisations. C'est un grand classique à l'efficacité prouvée. Petit plus, elle a une odeur vitaminée d'agrume qui apporte un brin de soleil[23].

---

22. Précautions d'emploi : les huiles essentielles mentionnées ici ne présentent généralement pas de contre-indication notable à leur utilisation en olfaction à des doses raisonnables. Toutefois, renseignez-vous avant toute utilisation personnelle, surtout en cas de terrain allergique. L'utilisation des huiles essentielles est déconseillée aux femmes enceintes sans avis médical préalable et chez les enfants en bas âge.
23. Les huiles essentielles d'agrume (ici mandarine rouge et petit grain bigarade) peuvent être photosensibilisantes, ne pas les utiliser sur la peau avant une exposition à la lumière du soleil.

L'huile essentielle de **camomille noble** apaise les chocs nerveux et émotionnels, l'anxiété, la nervosité et l'agitation mentale. Elle est recommandée contre la peur, la dépression, la colère, l'impatience et l'irritabilité.

Antistress, calmant nerveux favorisant le lâcher-prise, l'huile essentielle d'**ylang-ylang** agit également sur les règles douloureuses, la baisse de libido, les palpitations cardiaques, l'hypertension et la tristesse. Elle est reconnue pour son odeur sensuelle et son effet aphrodisiaque.

L'huile essentielle de **mandarine rouge** (zeste) est un calmant nerveux favorisant le lâcher-prise. On retrouve l'odeur pétillante de l'agrume, hautement régénérante.

Ces différentes huiles sont à choisir en fonction de vos affinités personnelles. Il en existe de nombreuses autres aux propriétés similaires. Testez celles qui vous appellent le plus spontanément. Elles pourraient vous être d'une grande aide en cas de petit débordement ou de tsunami émotionnel.

L'influence des hormones sur l'humeur

Certains facteurs hormonaux peuvent périodiquement influer sur la manière dont on interprète le monde extérieur, et donc sur les émotions. Mesdames, vous savez probablement déjà de quoi je parle ! Messieurs, vous êtes concernés aussi, parce que les hormones neuronales jouent un rôle fondamental sur l'humeur de tous les êtres humains. L'intensité de leur influence variera selon la place qu'occupera le haut potentiel dans le spectre de la sensibilité.

L'influence du cycle hormonal chez les femmes

Être une femme n'est pas toujours de tout repos émotionnellement. Et pour cause, nous sommes des êtres cycliques. Si cela peut représenter un inconvénient majeur dans notre société moderne, linéaire et productiviste, il est important de se rappeler que le cycle menstruel est un cycle naturel et vital : il permet la création de la vie.

L'avantage du cycle hormonal est qu'il est prévisible. En reconnaissant cette nature cyclique et en l'acceptant, nous accédons alors à un véritable outil de régénération. En effet, les variations hormonales qui se produisent au cours de la vie et du mois d'une femme entraînent des modifications biochimiques et donc psycho-comportementales qui trouvent leur correspondance dans les cycles naturels du vivant. Voyons chacune de ces saisons de la femme en détail[24].

Le printemps intérieur

Lors de la phase folliculaire, juste après la fin des règles, le taux d'œstrogène remonte, amenant énergie de construction. Nous faisons preuve de dynamisme et de détermination, d'endurance et de légèreté. Nous nous sentons femme indépendante, joueuse et exploratrice. Sérotonine et dopamine sont au plus haut.

Dans cette phase-là, nous sommes particulièrement efficace en termes de concentration, de mémoire, de planification, de souci du détail, de logique et de structure. C'est vraiment la saison pour construire en passant à l'action. C'est également le moment idéal pour « abattre les tâches » et oser sortir de sa zone de confort.

Dans cette phase, nous pouvons avoir tendance à être très concentrée sur notre objectif et à envoyer balader notre entourage. Nous serons moins dans l'empathie et les projets communs qu'à d'autres moments. Attention aussi à la dispersion, c'est un temps où nos actions doivent être cadrées. Il sera alors bénéfique d'être au clair sur le sens de nos actions.

---

24. Pour aller plus loin sur le sujet, voir le parcours en ligne « Objectif Lune » créé par l'auteure : www.margerieveron.com/objectif-lune.

» L'été intérieur

Lors de la phase d'ovulation, environ 14 jours après le début des règles, le taux d'œstrogène atteint son pic. C'est la phase dans laquelle nous nous sentons généralement la plus belle car les traits du visage sont plus symétriques. La dopamine est à son maximum, l'énergie atteint son paroxysme avant d'amorcer une douce redescente. Joie, épanouissement, ouverture aux autres nous animent alors.

Dans cette phase-là, nous sommes particulièrement efficace en termes de communication, de soutien, de travail d'équipe et de transmission. C'est vraiment la saison pour créer des relations et nourrir le plaisir. C'est le moment de nous connecter pleinement aux plaisirs des sens, de nourrir nos projets en cours, de nous exprimer et d'interagir.

Dans cette phase, nous sommes moins dans l'analyse, le détail technique ou l'action indépendante. L'énergie va diminuer progressivement, c'est inévitable.

» L'automne intérieur

Lors de la phase lutéale, environ 17 jours après le début des règles, le taux d'œstrogène descend rapidement au profit de la progestérone. Cette chute hormonale est à l'origine du syndrome prémenstruel.

Dans cette phase, dopamine et sérotonine chutent également, laissant la place à l'acide gamma-aminobutyrique (GABA) qui favorise les processus internes et la créativité. Nous redoublons d'énergie créative et nous activons notre radar à problèmes ! Nous faisons preuve d'analyse critique et de créativité. Notre attention est surtout portée sur la résolution des problèmes et le changement. C'est un bon moment pour être inspirée.

Les crises émotionnelles peuvent être plus présentes, les pensées plus sombres. Attention donc au langage interne qui peut mettre à mal l'estime de soi et de l'autre. Dans cette phase, nous sommes moins dans les discussions à cœur ouvert, la négociation, le travail de précision et le raisonnement logique. Ici, ce sera le bon moment pour canaliser notre esprit critique en le dirigeant sur ce que nous voulons faire avancer. C'est le moment de noter ce qui ne va pas, mais ce n'est pas le moment de réagir ou de prendre des décisions par rapport à cela.

Dans cette phase d'automne, il sera particulièrement important de prêter attention aux messages véhiculés par nos émotions, parfois houleuses et intenses, pour nourrir nos besoins.

» L'hiver intérieur

Œstrogène et progestérone sont au plus bas, les règles sont déclenchées. Le corps se prépare à un nouveau cycle. C'est une période pour nous reposer, ralentir et nous régénérer.

Dans cette phase, l'ocytocine domine, accompagnée du GABA et de la remontée de la sérotonine. Nous sommes particulièrement sensible, nous avons besoin de nous recentrer dans l'immobilité et de laisser aller ce qui doit partir. À ce stade, l'intuition est particulièrement développée. C'est le moment d'avoir une approche d'ensemble sur nos projets. Nous pourrons faire preuve d'impartialité et de lâcher-prise en accord avec nos convictions intimes. C'est le moment de créer des liens profonds avec nous-même.

Moins dans l'endurance physique, l'apprentissage, la concentration, et les heures supplémentaires, il sera nécessaire de nous accorder des temps d'intimité, de douceur et d'écoute. Adoptons le service minimal !

C'est le moment idéal pour faire le tri entre ce que nous voulons garder et éliminer, de faire des choix importants en étant à l'écoute de notre intuition pour avancer dans la direction que nous avons choisie. Ce sera aussi le bon moment pour préparer le cycle suivant, en planifiant et en nous fixant des objectifs à réaliser alors.

Cette présentation métaphorique est souvent assez proche de la réalité. Nous avons cependant toutes des manières très différentes de vivre et ressentir notre cycle. Je vous invite vraiment à vous mettre à l'écoute de votre corps. Avec le temps, vous pourrez **repérer ces changements hormonaux grâce aux modifications physiologiques**

et psychologiques, cela vous aidera grandement à respecter votre rythme le plus naturel.

Il n'existe rien de naturel qui fonctionne de manière linéaire dans ce monde. La linéarité est une construction de l'esprit humain. Nous ne pouvons donc pas non plus fonctionner de manière linéaire, nous ne sommes pas des robots. Être une femme est un véritable cadeau pour nous en rappeler au quotidien d'autant plus qu'avec le haut potentiel sensible, l'influence des hormones sera fortement ressentie à tous les stades de la vie, de la puberté à la postménopause.

INDISPENSABLE MAGNÉSIUM

Le magnésium est l'un des minéraux les plus présents dans le corps. Cet oligoélément participe à plus de 300 réactions biochimiques, entre autres à l'excitabilité neuromusculaire et a une activité myorelaxante (détente musculaire). Il a également une action au niveau du cerveau et des synapses, par lesquelles se transmet l'influx nerveux. C'est un allié précieux et incontournable, particulièrement en période de **stress, grand consommateur de magnésium**.

Les besoins journaliers sont de 6 mg par kilo de poids corporel, soit environ 400 mg pour un adulte de 70 kg. On ne le stocke pas et il n'y a quasiment pas de risque de surdosage. Bien au contraire, souvent, on en manque en raison des rythmes de vie relativement stressants. Les femmes sont très souvent en carence.

Généralement, cette carence en magnésium se caractérise par de la fatigue, de la nervosité, de l'irritabilité, des fourmillements dans les extrémités, des tremblements des lèvres ou des paupières, ou encore une hyperexcitabilité globale.

On trouve du magnésium par exemple dans les aliments suivants, en proportion variable : cacao, amandes, légumes à feuilles vertes, céréales complètes, poissons, coquillages, germe de blé.

→

La supplémentation est aussi possible, parfois même fortement recommandée. Dans ce cas, il est utile de tenir compte de la qualité du sel organique afin de s'assurer qu'il sera bien absorbé et assimilé au niveau de la cellule. Ainsi, le magnésium marin (celui qu'on trouve le plus couramment dans le commerce) peut avoir tendance à provoquer des dérangements intestinaux. On lui préférera les formes suivantes : citrate, bisglycinate, glycérophosphate, bisphosphonate.

Pour une absorption optimale, on le prendra en plusieurs prises au cours de la journée, sur six semaines minimum en cas de carence. Selon les individus, une complémentation régulière au long cours est tout à fait possible. Ce sera souvent le cas chez le haut potentiel, presque à coup sûr chez les femmes stressées.

L'influence des neurotransmetteurs sur l'humeur

Un neurotransmetteur, ou neurohormone, est un messager chimique qui véhicule l'information d'un neurone à l'autre. Il est synthétisé à partir d'acides aminés (l'élément constitutif des protéines) présents dans l'alimentation. Son rôle est notamment de réguler l'humeur et les fonctions cognitives.

La **dopamine**, notre « *starter* », agit sur la motivation, l'impulsivité et le plaisir. La noradrénaline agit quant à elle sur la vigilance, la concentration et l'énergie. C'est l'« accélérateur » de l'action. L'acide gamma-aminobutyrique (GABA) nous calme et nous apaise, favorisant l'intuition et l'intériorité. C'est notre sédatif naturel.

La **sérotonine** est notre antidépresseur naturel : elle stabilise nos humeurs, nous fait penser positivement et nous permet de trouver le sommeil. C'est le « frein » de l'action. Elle agit aussi sur la mémoire, les obsessions et compulsions.

L'**ocytocine**, aussi appelée hormone de l'amour et de l'attachement, nous aide à percevoir les émotions, favorise l'empathie et diminue le stress. Cette hormone est sécrétée par des contacts et des liens qui nous sont agréables (contacts physiques tendres, caresses, baisers, mots doux, eau chaude : souvenez-vous des ressources à votre disposition pour réguler votre système nerveux).

Les **endorphines** nous permettent de soulager la douleur et de diminuer l'anxiété. Elles nous procurent du bien-être en diminuant les sensations de stress et de peur. Elles sont sécrétées lors d'activités physiques ou de contacts avec des personnes qui nous sont agréables.

» Testez vos neurotransmetteurs

Tout déficit d'un neurotransmetteur va avoir des répercussions sur l'état d'esprit.

Si vous présentez :

- une tendance à la tristesse, au blues ou à la déprime ;
- des difficultés à vous endormir ;
- des changements d'humeur ;
- des tendances à la boulimie ou aux compulsions addictives ;
- une difficulté à vous projeter ;
- de l'irritabilité, de l'anxiété ou de l'agitation ;
- des troubles de la concentration ;
- des troubles de la mémoire.

Il est tout à fait possible que vous soyez en déficit de neurotransmetteurs. Les déficits les plus courants concernent essentiellement la dopamine et la sérotonine. Pour vérifier si ces troubles sont le résultat d'une carence micronutritionnelle chez vous, je vous propose d'évaluer rapidement l'état de ces neurotransmetteurs à l'aide du questionnaire suivant.

Pour chacune des affirmations ci-dessous, donnez une note de 0 à 3 en respectant l'échelle suivante :

- 0 : symptômes absents ;
- 1 : symptômes modérés ;
- 2 : symptômes gênants ;
- 3 : symptômes très gênants.

Puis faites l'addition pour chaque partie.

Test dopamine

- J'ai des difficultés à me lever le matin.
- J'ai du mal à commencer une action.
- Je me sens moins imaginatif, moins créatif que d'habitude.
- Je ressens de la fatigue avant même de commencer à agir.
- Je porte moins d'intérêt à mes loisirs, à mes activités.
- J'ai moins de désir sexuel et amoureux.
- Mon sommeil est agité physiquement, je remue beaucoup.
- Je n'ai plus tellement de nouveaux projets.
- J'ai du mal à me concentrer, à suivre le fil de ma pensée.
- Je cherche souvent mes mots.

Votre total : ......

Test sérotonine

- Je suis irritable, impulsif et vite en colère.
- Je suis impatient, je ne supporte pas d'attendre.
- Je ne supporte pas les contraintes.
- Je suis attiré par le sucré, le chocolat, surtout en fin de journée.

- Je me sens dépendant facilement : sport, alcool, drogue, tabac, sucre.
- J'ai du mal à prendre du recul, à rester zen.
- J'ai du mal à trouver le sommeil, à me rendormir la nuit.
- Je me sens vulnérable au stress, au bruit.
- Je suis susceptible, un rien m'agace.
- Je change très vite d'humeur.

Votre total : ......

Pour chacun des tests, si vous obtenez un résultat compris entre 0 et 10, le manque est probablement faible. Entre 11 et 20, le manque nécessitera d'être adressé. Au-delà de 20, il sera indispensable de traiter sérieusement la situation.

Quoi qu'il en soit, la correction du score sérotonine sera toujours prioritaire.

» Se doper à la sérotonine !

Frein du système nerveux, la sérotonine permet d'être calme, patient et de supporter les contraintes et frustrations. Vous avez peut-être reconnu dans le test des symptômes d'une hyperactivation du système nerveux (lutte ou fuite).

Or, l'observation clinique montre que les hauts potentiels présentent fréquemment les symptômes d'un manque de sérotonine. Hypersensibilité, émotions parfois difficiles à gérer, troubles du sommeil liés à l'anxiété, impulsivité, agressivité, dépression... les cerveaux créatifs seraient chroniquement en carence de sérotonine circulante.

Sachant que 80 % de la sérotonine est synthétisée dans les intestins, traiter la dysbiose et la perméabilité intestinale sera donc une priorité en cas de carence (voir p. 87).

La sérotonine est synthétisée à partir d'un acide aminé, le tryptophane, que le corps ne sait pas synthétiser seul. On le trouve en quantité variable dans les aliments suivants : **banane, chocolat, noix de cajou, noix, noisettes, amandes, lentilles, graines de courge, de chia et de chanvre, sarrasin, fromages, morue, dinde et poulet**. Le goûter et la fin d'après-midi seront des moments privilégiés pour booster l'apport en sérotonine dont on a alors besoin en fin de journée.

Pour accompagner le système nerveux, on pourra se donner un temps de respirations calmantes et faire appel à toute autre ressource permettant d'équilibrer l'élément Air (voir p. 55). Une complémentation de plantes à base de griffonia peut également être envisagée.

Surtout, identifier la cause émotionnelle ou psychique de l'hyperactivation du système nerveux permettra d'agir en profondeur.

➤ Faire remonter la dopamine

La dopamine est notre « *starter* ». Elle nous permet de nous lever le matin et de trouver la motivation pour agir.

La dopamine est synthétisée à partir d'un acide aminé, la tyrosine, que l'on trouve dans presque tous les produits d'origine animale et les oléagineux. Le corps peut aussi la synthétiser seul à partir d'autres éléments. Il est donc assez rare que nous soyons en déficit majeur avec une alimentation équilibrée. Manger protéiné le matin pourra parfois faire la différence.

En cas de symptôme d'une carence en dopamine, je recommande de pratiquer quelques respirations énergisantes le matin (voir p. 56), de bouger plus souvent, de jouer avec le pouvoir de l'eau froide, ou de se reposer et se reminéraliser en cas d'épuisement physique et psychique.

Surtout, il sera important d'aller voir du côté de l'élément Feu (voir p. 148) pour retrouver le sens que nous donnons à nos actions et ce qui maintient notre système nerveux en mode Survie. Quelle que soit la pensée ou l'émotion perturbatrice, si elle perdure ou revient fréquemment en boucle, il sera profondément libérateur d'aller voir ce qui se trame dans l'Ombre.

Apprivoiser son Ombre

L'eau est un élément mystique. Il est aussi lié à tout ce qui est occulte, caché, dans l'ombre ou refoulé. Or nous ne pouvons pas transformer quelque chose dont nous ignorons l'existence. En mettant en lumière ce qui est dans l'Ombre, en rendant l'inconscient conscient, nous reprenons le pouvoir de diriger nos vies.

Ce que Jung nomme l'Ombre, ce sont toutes les parties de nous que nous rejetons, jugeons ou réprimons, parfois parce qu'elles nous font honte. Pourtant, ce sont souvent de belles et puissantes parties de nous qui gagneraient à être mises en lumière.

Pour être en mesure de les réintégrer, il peut être utile de comprendre comment se forme cette Ombre.

Comment l'Ombre se crée-t-elle ?

Nous naissons tous avec un besoin inné d'amour, de sécurité et d'appartenance. Ces éléments sont alors indispensables à notre survie lorsque nous sommes matériellement dépendant des autres pour satisfaire nos besoins physiologiques et affectifs. En grandissant, nous expérimentons différentes façons d'obtenir la satisfaction de ces besoins et apprenons progressivement en fonction des résultats obtenus quelle est la meilleure attitude à adopter pour cela.

Si nos parents étaient émotionnellement matures, c'est-à-dire à l'aise avec leurs émotions et celles des autres, nous avons généralement appris à être à l'aise avec nos émotions et celles des autres, sereins avec l'individualité de chacun. Dans le cas contraire, nous en déduisons progressivement qu'il vaut mieux être comme ceci ou comme cela pour plaire à papa, maman, ou toute autre personne qui s'occuperait de nous ou auprès de qui nous souhaitons être considéré.

Et quand une part de nous ne se sentait pas accueillie de manière répétée, progressivement nous l'avons réprimée puis enfouie dans nos profondeurs. C'est le **Soi perdu.**

Ressentant des émotions intenses, Julie avait enfant des phases de joie qui pouvaient parfois être assez expressives. Ayant régulièrement été rappelée au silence par ses parents dans ces moments-là, elle en a déduit qu'elle ne devait pas être joyeuse. Progressivement, Julie a fait taire cette part joyeuse à l'intérieur d'elle-même.

Pour prendre le relais, nous mettons en place des stratégies afin d'obtenir la satisfaction de nos besoins de sécurité, d'amour et d'appartenance auprès des personnes qui prennent soin de nous ou avec qui nous souhaitons interagir. On adopte une identité de façade, le *false self*, **le faux Soi**, la Persona.

Comme Julie ne devait pas être joyeuse, elle a choisi de devenir sérieuse, d'être une bonne élève sans trop d'émotions, de ne pas faire de bruit.

Mais au bout d'un certain temps, ces stratégies ne nous sont plus utiles, elles deviennent frustrantes ou épuisantes. Nous rejetons les facettes de nous responsables de ce comportement. C'est le **Soi rejeté**.

À force d'être trop sérieuse, Julie a fini par se trouver vraiment rabat-joie ! Alors elle a censuré cette partie-là aussi... « Je ne peux pas être joyeuse, je ne veux pas être rabat-joie... mais qui suis-je alors ? »

En résulte une personnalité « démembrée », où certains éléments sont totalement occultés, empêchant la singularité complète de s'exprimer.

Ce processus sera d'autant plus intense que l'on sera un être présentant une forte capacité d'adaptation. C'est souvent le cas du haut potentiel atteint du « syndrome du caméléon » ou syndrome de suradaptation. En voici quelques symptômes :

- vous faites un métier qui ne vous satisfait pas ;
- vous dites « oui » alors que vous pensez « non » ;

- vous ne dites pas ce que vous avez à dire par peur de blesser ;
- en société, vous souriez alors même que vous êtes triste ;
- vous vous interdisez d'être spontané.

Si vous vous reconnaissez, il est temps de réintégrer l'entièreté de votre être. **Mieux vaut être complet que parfait, c'est bien plus léger et épanouissant !** Vous gagnerez aussi en vitalité, parce que maintenir une part dans l'Ombre demande une énergie considérable.

Comment réintégrer son Ombre ?

L'amour est l'ingrédient magique à travers lequel toute transformation peut arriver. Je ne parle pas ici d'amour guimauve. Comme le démontre scientifiquement Annie Marquier, « l'amour du cœur n'est pas une émotion, c'est un état de conscience intelligente ».

Parce que presque toutes les blessures et les traumatismes émotionnels proviennent d'un manque d'amour réel ou perçu, le chemin le plus court consiste à rencontrer chaque partie de soi avec tendresse. Les parts cachées se sentant suffisamment en sécurité, elles font alors surface pour être réintégrées.

Ces parts que nous rejetons se révèlent souvent être des protecteurs, des mécanismes de défense et de résilience. Simplement elles deviennent destructrices dès lors qu'elles ne sont plus utiles en l'état. Il est alors nécessaire soit de les transformer, soit de leur donner un nouveau rôle. Cela nous permettra de ressentir ce qui se cache en dessous... vraisemblablement une part précieuse vu le niveau de protection mis en place.

En accueillant le Soi rejeté, nous laissons la possibilité au Soi perdu d'émerger. Nous saurons que nous avons totalement réintégré notre Soi perdu quand les interactions sociales, en particulier familiales, ne déclencheront plus nos signaux d'alerte interne.

Ce chemin est un véritable chemin de reconnexion et demande d'être :

- **Honnête avec nous-même** : c'est un chemin de vérité envers ce que nous vivons à l'intérieur, sans juger, violenter ou critiquer nos aspirations. Parce que l'honnêteté apporte la clarté qui nous permet de retrouver notre pouvoir personnel.
- **Tendre avec nous-même** : c'est une voie de douceur et de respect pour tout ce que nous sommes et vivons à l'intérieur, pour apaiser nos souffrances et désamorcer les conflits internes afin de retrouver la paix intérieure.

➤ Tendresse et vérité

Le passage qui va suivre peut être choquant pour les parts les plus vulnérables à l'intérieur de nous. Il est pourtant fondamental.

La vérité à intégrer au plus profond de notre être est : **je suis la seule personne à être 100 % responsable de la pleine satisfaction de mes besoins.**

Cette vérité n'est pas sans conséquence à admettre. Parce qu'il y a peut-être à l'intérieur une part de nous qui crie ou qui pleure, parce que quand même, prendre soin de nous, c'est aussi le rôle de... (je vous laisse compléter : mes amis ? Mon conjoint ? Mes parents ?).

C'est notre « enfant intérieur », cette part de nous qui réclame de l'attention en premier lieu pour guérir des blessures émotionnelles du passé : sentiment de trahison, de rejet, d'abandon, d'humiliation, d'injustice, d'impuissance, d'intrusion ou d'insécurité le plus souvent.

En effet, reconnaître que nos parents étaient émotionnellement immatures ou inconsciemment conditionnés n'était pas possible étant enfant. Ils ne pouvaient pas être « défectueux », cela aurait trop mis à mal notre sentiment de sécurité tant nous dépendions d'eux alors. Nous avons donc pensé que le problème venait de nous, d'autant plus que nous vivions des émotions intenses du fait du haut potentiel.

En vérité, nos parents, peut-être zèbres eux aussi, n'ont sans doute pas non plus eu des parents émotionnellement matures ou ayant choisi leurs croyances en conscience. Nos grands-parents non plus. Nous sommes issus de lignées où l'obéissance l'emportait sur la valorisation de l'individualité. Maintenant que nous avons conscience de cela, que l'inconscient est sorti de l'Ombre, nous pouvons voir la réalité en face : nos parents ne sont pas sans faille, ils ont probablement agi bien inconsciemment.

Étymologiquement, est responsable celui « qui a la capacité de répondre aux besoins de ». **Nous pouvons donc devenir un être émotionnellement mature en assumant la responsabilité de notre bien-être, affectif notamment.**

Pour vous soutenir dans cette nouvelle aventure, je propose de vous créer un espace d'accueil aimant et soutenant à l'intérieur. Il vous aidera par la suite à accueillir toutes vos émotions et les parts de vous qui sortiraient de l'Ombre.

★ PRATIQUE FONDAMENTALE : FAITES DE VOTRE BULLE UN ESPACE D'ACCUEIL

Revenez à votre bulle d'air et laissez-la descendre dans votre corps. Peut-être y a-t-il une sensation présente dans votre corps qui demande déjà à être accueillie.

Vous pouvez placer une main à l'endroit de cette sensation si cela vous paraît naturel ou aidant. Ouvrez l'espace comme un ami intime vous ouvrirait sa porte : tout ce qui est présent est le bienvenu exactement comme il est en cet instant.

Imaginez maintenant que tous les capteurs sensoriels qui sont tournés vers cette sensation pour vous permettre de la ressentir, se retournent progressivement pour s'orienter vers l'extérieur. Non pas pour ne plus sentir, simplement pour créer un peu plus d'espace autour de ce qui est vivant en cet instant.

Peut-être que l'idée de mettre de l'espace entre tous les atomes de votre corps vous parlera plus.

Il est possible que la sensation vous semble très forte. Parfois c'est simplement parce qu'on la réprime encore inconsciemment, par peur d'être submergé, mais alors la pression interne risque d'augmenter. À l'inverse, si on l'autorise pleinement, cela va faire comme lorsqu'on ouvre un barrage et que l'eau se libère en torrent. Au bout d'un temps, la source se tarira : comme toute chose ici-bas, votre douleur a un commencement et une fin.

Entrez dans cet espace où vous pouvez vous autoriser à avoir le cœur brisé. Cette tristesse est souvent à la mesure de votre aspiration, témoin que vous éprouvez un sentiment de perte pour quelque chose qui vous est précieux.

Donnez-lui ensuite un temps pour s'exprimer :

- Qu'est-ce que je ressens ?
- À quoi est-ce que j'aspire ?

Il ne s'agit pas ici de vous focaliser sur les pensées autour de ce qui vous manque, mais de voir la beauté de cette aspiration, de ce besoin. Ce faisant, vous pouvez vous connecter intérieurement à ce besoin pour le rencontrer : c'est comment de vivre la connexion/le calme/le partage/la compréhension, etc. ?

Ressentez-le avec votre corps, avec tout votre être, pas votre tête. Il devient alors possible de savourer la qualité et l'intensité de cette énergie vivifiante.

Vous pourrez maintenant faire appel à cet espace chaque fois que vous en ressentirez le besoin. Peut-être aurez-vous envie de faire appel à elle pour accueillir une part de vous qui ne se sent pas aimée, une sensation viscérale ou une émotion difficile à vivre. Peut-être préférez-vous faire appel à elle pour vous soutenir lorsque vous doutez ou que vous ne vous sentez pas en sécurité, ou tout autre chose encore.

La clé sera de **faire preuve d'empathie envers cette part de vous qui souffre**. L'empathie est avant tout une qualité de connexion et de présence offerte, à soi, à une part de soi ou à l'autre. Elle permet d'être à l'écoute de l'humanité en elle, de son vécu et de ses besoins. En prenant conscience de ce qui est vivant à l'intérieur, on découvre ses aspirations et on peut choisir en conscience d'y porter attention.

» L'Ombre émotionnelle

L'un des plus grands pièges internes sur ce chemin de réintégration est d'éviter de reconnaître que nous vivons certaines émotions. En effet, il est possible que, par notre éducation affective ou spirituelle, nous ayons appris que certaines émotions sont louables, bonnes, tandis que d'autres seraient néfastes, honteuses, inappropriées ou mauvaises. Nous avons ainsi été programmé pour bloquer certaines émotions inconfortables, comme la colère souvent chez les femmes ou la tristesse pour les hommes par exemple, et éviter toute situation où ces émotions pourraient survenir.

Nos besoins affectifs n'étant parfois pas comblés, nous avons pu connaître une grande solitude affective, génératrice d'anxiété et de stratégies diverses et variées pour obtenir le soutien et la connexion émotionnelle que nous sommes génétiquement programmés à rechercher. Nous avons ainsi pu développer une forme d'addiction à d'autres émotions.

S'il est certain que certaines émotions ressenties au long cours sont nocives pour la santé (la colère crée des problèmes cardiaques et inflammatoires, la tristesse appelle la dépression, etc.), en soi il n'y a pas de bonnes ou de mauvaises émotions. L'essentiel est de ne pas les retenir à l'intérieur et de les laisser nous traverser sous forme de sensations. Sinon ce sont elles qui choisiront pour nous.

Là encore, pour accueillir ce type d'émotion refoulée, nous pouvons porter notre attention sur les sensations qui émergent et les accueillir avec tendresse, cela nous permettra de prendre de la distance avec notre discours mental et de descendre plus en profondeur. À partir de cet espace d'empathie envers nous-même, nous pourrons ensuite chercher la pensée ou la situation qui a déclenché cet état émotionnel pour découvrir le besoin qui demande à être nourri en dessous.

Transformer son état émotionnel

Nos objectifs de vie sont avant tout émotionnels : nous cherchons à retrouver l'état de bien-être que nous pouvons ressentir lorsque nos besoins sont nourris. Pourtant nous avons une tendance naturelle à conditionner notre bien-être à la réalisation d'un événement extérieur et futur. On se dit alors « je serai heureux quand j'aurai/je serai/je saurai... ».

Cela nous amène progressivement à nous déconnecter, à juger ou à avoir honte de certaines de nos parts qui veulent vivre cela tout de suite ou qui sont au contraire terrifiées à l'idée que cela arrive réellement. Et quand nous entrons en guerre contre une part de nous ou que nous essayons de nous en débarrasser, nous nous divisons intérieurement, nous ne nous sentons plus complet, nos désirs sont enfouis dans l'inconscient, nous renforçons notre Ombre.

Nous avons également tendance à projeter nos plus grandes expériences émotionnelles sur les autres. Pourtant, l'expérience se produit bien à l'intérieur de nous : nous sommes la personne qui connaît ce moment de plénitude, qui tombe amoureux, qui rayonne de joie, etc. Nous sommes la personne qui expérimente aussi ces sensations.

C'est donc notre propre système qui crée ces expériences, l'événement extérieur n'en étant que le déclencheur. Nous en sommes ainsi la source et nous pouvons cultiver les états internes que nous souhaitons vivre en priorité.

Vous pouvez incarner ces états émotionnels ici et maintenant ! La visualisation ou l'imagination, pour le cerveau c'est un peu la même chose. Il ne fait pas la différence entre ce qui existe de manière réelle et ce qu'il peut imaginer. C'est pour cela que les grands sportifs ou musiciens visualisent régulièrement leurs gestes techniques ou leur performance : le cerveau réagit comme s'il y était, apprenant, s'enrichissant alors de cette nouvelle expérience. Et cela marche tout aussi bien avec les émotions. L'effet en sera d'autant plus grand que le cerveau présentera une grande réactivité émotionnelle, comme c'est souvent le cas chez le haut potentiel.

VIVEZ UNE ÉMOTION AGRÉABLE À VOLONTÉ

Pensez à ce que vous aimeriez le plus vivre au monde. Peu importe qu'il s'agisse d'une émotion, d'un état d'être, d'un accomplissement ou de tout autre chose.

Une fois que vous l'avez, vous pouvez fermer les yeux et imaginer que c'est fait, vous y êtes !

Que voyez-vous autour de vous ? Peut-être êtes-vous à l'intérieur ou à l'extérieur, quel est le décor ? Peut-être que vous êtes seul ou bien accompagné ? Que voyez-vous d'autre ?

Qu'entendez-vous ? Peut-être y a-t-il des sons ? Des paroles prononcées autour de vous ou qui vous sont adressées ? Peut-être que vous parlez, que dites-vous ?

Et puis vous pouvez peut-être aussi toucher des choses ou des personnes autour de vous ? Quelle partie de vous touche ou est touchée ? Quelle est la texture que vous ressentez ?

Peut-être y a-t-il aussi des odeurs autour de vous ? Peut-être que vous pouvez sentir certains goûts particuliers dans votre bouche ?

Laissez-vous imprégner par cet état interne, vous pouvez même imaginer que vous en faites grandir l'intensité à chaque inspiration.

Il ne s'agit pas d'utiliser un état émotionnel agréable pour éviter de ressentir un autre état émotionnel : ce serait du déni. Nous l'avons vu, pour évoluer il est essentiel d'être honnête avec ce qui est présent. Il est en revanche possible, en dehors de ces moments-là, de « s'entraîner à ressentir » des états émotionnels positifs. Souvenez-vous que pour le cerveau ce qui est connu est considéré comme sûr. Si vous prenez l'habitude de ressentir des émotions agréables, votre cerveau intégrera progressivement qu'il est sans danger de les vivre. Il y opposera de moins en moins de résistance.

En assumant la responsabilité de nos états internes, aussi intenses soient-ils, nous dépendons émotionnellement beaucoup moins des autres ; nous cessons de mettre nos existences en suspens dans l'attente de vivre ces expériences à l'extérieur pour les vivre viscéralement quand ils sont nourris.

Apprivoiser nos émotions demande de faire preuve de douceur envers nous-même. Parfois, cela ne sera pas suffisant, comme si l'émotion n'était qu'un symptôme d'une cause bien plus profonde. C'est alors tout l'intérêt de faire la paix avec le passé au niveau inconscient pour nous permettre d'avancer dans une direction qui a du sens pour nous.

L'essentiel à retenir

→ Vous avez un cerveau particulièrement sensible au niveau émotionnel.

- Pour bien vivre au quotidien : laissez le flux hormonal de vos émotions vous traverser et écoutez le message qu'elles véhiculent quant à la satisfaction de vos besoins.
- Pour évoluer sur le long terme : soyez tendre et honnête avec vous-même, cultivez les états émotionnels que vous souhaitez vivre sans renier le reste de votre palette émotionnelle pour réunir vos différentes facettes.

4. FEU

AVANCEZ DANS UNE DIRECTION QUI A DU SENS

Imaginez le soleil, celui qui a juste la bonne intensité pour vous aujourd'hui. Sentez ses rayons réchauffer votre peau à une température parfaitement agréable pour vous. Peut-être le sentez-vous sur différentes parties de votre corps. Profitez ! Puis laissez sa chaleur et sa lumière pénétrer à l'intérieur de vous, circuler, jusqu'à nourrir chacune de vos cellules, en leur cœur...

L'élément Feu représente notre flamme intérieure, l'énergie vitale, la joie, le plaisir, la motivation. C'est aussi notre direction, notre cap pour avancer et passer à l'action.

Le haut potentiel devra répondre à son intense besoin de sens en étant au clair avec ce qu'il désire et ce qui l'anime profondément. Viendra ensuite le temps du passage à l'action qui demande bien souvent de faire face à un certain nombre de freins internes. Le Feu ainsi maîtrisé deviendra alors un véritable atout pour attiser la partie de nous qui veut s'épanouir.

Bienvenue dans le monde de la passion et de la créativité, bienvenue au cœur de l'élément Feu !

L'élément Feu

L'élément Feu a une énergie puissante, intense et transformatrice. Celle-ci est vive et extrême, sans modération. Son mouvement va vers le haut par à-coups, son rythme est saccadé et changeant. Le Feu représente le désir, l'instinct, l'enthousiasme, la confiance, la volonté, la puissance, la joie et le jeu.

Lorsque l'élément Feu est en excès, nous pouvons connaître de fortes colères, une forme d'excitation ou d'hyperactivité physique. Le feu peut aussi être destructeur, nous menant de la surexcitation au surmenage, puis à l'épuisement.

Lorsqu'il est en carence, nous pouvons connaître la froideur, l'absence de mouvements, l'ennui, la morosité, l'apathie, le manque d'envie, la mélancolie voire la dépression. Le déséquilibre se manifeste également sous forme de manque de confiance en soi et de difficulté à mettre nos idées en action.

Lorsque l'élément Feu est en équilibre, nous ressentons dynamisme, vitalité, créativité, motivation, progression, courage, confiance, enthousiasme, spontanéité, joie, plaisir.

Les besoins fondamentaux qu'il nous permet d'assurer sont nos besoins d'épanouissement. En incarnant l'être que nous rêvons d'être (en nous rapprochant de cet idéal en tout cas), nous renforçons notre estime de soi, agissons avec plus de confiance, réussissons ce que nous entreprenons et développons nos compétences.

Les questions qui sous-tendent cet élément sont : **qu'est-ce que je désire vivre ? Quelle part de Moi résiste à cela, là maintenant ?**

Il implique de lever nos freins pour passer à l'action afin d'avancer en direction de ce qui nous anime.

« Le désir est l'essence même de l'homme[25] »

Le désir est ce qui nous fait avancer. Trouver ce qui nous motive, nous enthousiasme et nous anime est donc essentiel parce que honorer nos désirs profonds permet de nous réaliser en tant qu'être humain. Cela est absolument fondamental chez le haut potentiel qui pourra de cette façon passer de l'ennui existentiel à un enthousiasme intense.

Nos désirs peuvent globalement être de deux ordres : matériel et émotionnel. Les désirs matériels produisent des résultats tangibles, concrets. Les désirs émotionnels amènent à vivre des expériences, à ressentir certains états internes, comme la joie, la connexion, la complétude, la paix, etc.

En réalité, ce que nous cherchons en tant qu'être humain au plus profond de nous est bien plus que d'avoir ou de réaliser telle ou telle chose, mais de vivre telle ou telle expérience pour ce que nous ressentons. Nos désirs sont ainsi profondément émotionnels. Cela explique que nous pouvons nous fixer des objectifs de réalisation au niveau professionnel et personnel et ne pas être réellement satisfait lorsque nous les atteignons. Nous nous mettons alors à la poursuite d'une nouvelle réalisation, pensant à nouveau que, quand ce sera fait, nous serons heureux/en paix/en confiance.

Savoir ce que nous voulons vivre est donc essentiel. La matérialisation de nos désirs matériels a aussi son importance à condition d'être au clair sur la raison profonde, viscérale parfois, qui nous amène à désirer ceci ou cela.

Mais savoir ce que l'on veut vraiment n'est pas toujours évident quand on a passé sa vie à tenter de se conformer aux attentes des autres. Il s'agit de mettre en lumière, de faire sortir de l'Ombre ses désirs les plus profonds. Et ceux-ci peuvent être bien différents des désirs conditionnés issus de la société dans laquelle on vit ou de l'éducation religieuse ou parentale que l'on a reçue.

---

25. Baruch Spinoza, *L'Éthique*, Gallimard, 1994.

Et puis, si l'on apprend rapidement par expérience ce que l'on ne veut pas ou plus, il n'est pas évident de savoir ce que l'on veut. Pourtant, agir pour s'éloigner de ce que l'on ne veut plus amène simplement à adopter des comportements d'évitement. Cela n'aide pas vraiment à avancer.

Enfin, parce que nous sommes en vie, nous sommes en perpétuel changement. Nos désirs vont évoluer avec le temps, au fil de nos réalisations aussi. Il est important de nous assurer régulièrement que nous ne poursuivons pas un rêve qui n'est plus d'actualité pour nous.

Pour avancer dans une direction qui a du sens pour soi, il est donc important de s'autoriser à rêver en toute sincérité !

Je vous propose pour cela de partir voyager dans votre vie idéale.

II RÉVÉLEZ VOTRE VISION

Prenez le temps de vous installer confortablement puis de respirer profondément trois fois : une fois dans votre bassin pour vous ancrer sur l'expiration, une fois dans votre cœur pour accompagner son ouverture et une fois dans votre tête pour y faire de la place. Sentez votre colonne faire le lien entre les trois, comme si elle dessinait l'axe vertical de votre bulle.

Et fermez les yeux si vous vous sentez suffisamment en sécurité.

Imaginez maintenant que vous avez 80 ans et que vous avez réalisé votre idéal de vie. Où habitez-vous ? Que faites-vous de vos journées ? Qu'entendez-vous autour de vous ? Qu'est-ce que vous vous dites ? Prenez le temps, laissez-vous porter par la scène, sans filtre. Laissez venir ce qui vient : des mots, des sons, des couleurs, des images, des odeurs, des goûts... je ne sais pas ce qui se présentera, tout est possible, ce sera en tout cas l'idéal pour vous !

Quand ce sera bon pour vous, vous allez remonter le temps, pour arriver maintenant dans trois ans. Où êtes-vous ? Avec qui ? Que faites-vous ? Qu'est-ce qui rend ce moment si extraordinaire pour vous ? Là encore, prenez le temps de laisser venir les images, les sons, les mots, les sensations... tout est possible, et c'est vraiment l'idéal pour vous !

→

Et enfin, après avoir pris le temps de vous imprégner de ce temps, vous allez revenir encore plus près, dans un an exactement. Et là, je me demande à quoi ressemble votre journée idéale et parfaite pour vous ? Parcourez-la à votre rythme, du matin au soir.

Tout de suite après cette visualisation, je vous invite à noter quelques mots-clés, à dessiner (quel que soit votre talent en la matière, c'est la symbolique qui compte) et mettre en couleur les éléments importants que vous avez visualisés.

NB : lorsque nous visualisons mentalement, nous ne voyons pas des images comme celles que nous voyons avec nos yeux mais plutôt comme celles que nous voyons en imagination. Par exemple, visualisez un oiseau bleu maintenant. Vous l'avez ? C'est sous cette forme mentale que votre vision peut apparaître. C'est subtil et demande de s'autoriser à entrer à l'intérieur. Il serait tout à fait normal de vous retrouver face à un écran noir ou flou si vous pratiquez ce type d'exercice seul pour la première fois, si vous n'avez pas l'habitude de faire appel à ces aires du cerveau ou si une part inconsciente de vous venait bloquer le processus pour vous protéger de rêves jugés « indésirables ». Et si c'était votre enfant intérieur qui rêvait, que verrait- il ?

Être au clair sur ce que l'on désire vivre est nécessaire à la fois pour avancer et ne pas s'éparpiller comme on peut parfois avoir tendance à le faire quand on est haut potentiel. On peut en effet avoir tellement de désirs en tête (y compris celui de savoir ce que l'on veut) qu'il est difficile de savoir par où commencer. Alors on remet au lendemain sans avancer sur aucun de ces désirs. Ou bien on les attaque tous de front, au risque de s'épuiser faute de voir des résultats arriver aussi rapidement qu'on le souhaiterait.

Derrière chaque désir, il y a un besoin. Connaître ses besoins prioritaires du moment est donc utile pour choisir dans quelle direction mettre son attention et son énergie, pour un temps au moins. Mettons cela en lumière à présent.

À VOUS DE JOUER

Voici une liste d'affirmations que je vous invite à compléter en toute spontanéité. Notez toutes vos réponses sans vous censurer. Vous ferez le tri ensuite !

Ce que je désire vraiment pour les années à venir c'est :

....

....

....

....

....

....

....

Alors, je me sentirai :

....

....

....

....

....

....

Mes besoins[26] les plus importants sur lesquels porter mon attention en ce moment sont donc :

- ....
- ....
- ....
- ....
- ....

Vous avez une direction pour avancer maintenant, félicitations !

26. Pour vous aider à les identifier, vous pouvez vous reporter à la carte des besoins (voir p. 30).

Rappelez-vous qu'il y a 36 000 moyens de nourrir un même besoin : le plus important dans un premier temps est de savoir ce que vous désirez vivre, pas le moyen pour y arriver.

Donner un sens à sa vie

Nous l'avons vu, chez le haut potentiel, les connexions neuronales sont plus importantes, la réflexion va plus vite, ce qui l'amène souvent loin dans ses raisonnements. Les questions existentielles ne font pas exception à la règle !

Et pour cause, la question du sens est fondamentale : savoir pourquoi nous faisons ce que nous faisons et être en accord avec cela permet de maintenir un niveau de motivation et d'enthousiasme durable. Cela permet aussi au quotidien de prendre des décisions facilement : la bonne décision est celle qui va dans ce sens.

Selon Matthieu Ricard, « la question n'est pas tellement de savoir si la vie a un sens mais plutôt quel sens nous pouvons donner à notre propre existence[27] ».

Ce sens est propre à chacun et va au-delà des croyances et valeurs morales de nos parents, de la société et de la religion dans laquelle nous avons évolué. Parce qu'il y a peu de choses en ce monde que nous pouvons considérer comme absolument vraies, la notion de vérité absolue est ainsi quasi inexistante. Le sens de la vie est donc propre à chaque individu.

Pour certains, ce sens est évident depuis toujours. Pour d'autres, il demande simplement à être conscientisé.

---

27. Christophe André, Alexandre Jollien, Matthieu Ricard, *Trois amis en quête de sagesse*, L'Iconoclaste-Allary, 2016.

À VOUS DE JOUER

Je vous propose de prendre une feuille et de dessiner schématiquement une grande étoile, de la forme que vous voulez. Elle symbolisera le sens de votre vie.

À l'intérieur, vous allez en dessiner d'autres, de tailles, formes et couleurs différentes peut-être, en inscrivant leur nom aussi : celui d'un sens que vous décidez aujourd'hui de donner à votre vie. Oui, pourquoi n'y aurait-il qu'un seul et unique sens finalement ? Il s'agit ici de représenter symboliquement les sens (qui deviendront alors l'essence) de votre vie, toutes les étoiles que vous désirez voir briller dans votre ciel ou dans vos yeux.

Ce sont souvent des choses simples auxquelles on ne pense pas forcément tellement elles semblent parfois évidentes. Par exemple des actions ou des concepts comme donner et recevoir de l'amour, le plaisir, la découverte, l'émerveillement, la joie, la facilité, partager, la simplicité, la confiance, la paix, l'exploration, les voyages, la famille, les besoins que vous avez identifiés plus haut tout est possible !

Autorisez-vous à être créatif en mettant cela en couleurs, en mots et en symboles.

Vous pourrez ensuite l'afficher chez vous pour que toutes les parties de votre cerveau l'intègrent profondément. Il vous sera ainsi plus facile et rapide de vous y reconnecter en cas de baisse de motivation.

Bravo, vous venez de choisir le sens que vous souhaitez donner à votre vie !

Le sens est en quelque sorte votre étoile polaire : elle vous indiquera la direction à suivre lorsque vous serez perdu dans le noir. Pour chaque prise de décision, plutôt que de suivre une étoile filante, vous pourrez alors vous demander quel est le choix qui vous permettra d'avancer en direction de votre étoile polaire.

Là encore, il est possible que ce sens évolue au fil de votre vie. C'est normal, vous êtes un être en constante évolution. Dès que vous sentirez que ce moteur n'est plus suffisant pour vous faire avancer, il sera temps de vous reconnecter à ce qui vous anime profondément à ce moment de votre vie.

S'organiser au quotidien : la semaine optimale

Maintenant que vous savez où vous allez, il serait dommage d'attendre d'être arrivé pour profiter du voyage. Après tout, le meilleur moment d'un beau voyage est rarement le moment du retour à la maison, si ?

Le plaisir peut être vécu au quotidien, et pas seulement « quand vous aurez... » ou « dès que... » ou « après... ». C'est pour cela que je vous propose de créer votre semaine optimale, le quotidien le plus favorable pour inclure vos besoins importants, vous aider à prioriser et vivre dès à présent ce que vous avez envie de vivre.

Et comme vous savez maintenant quels sont vos besoins essentiels et pourquoi vous faites ce que vous faites, il devrait être plus facile de cultiver l'enthousiasme au fil des activités du jour.

La semaine optimale prend en compte tous vos besoins, dans tous les domaines de votre vie, en fonction de ce qui est important **pour vous** : le travail, la famille, les amis, l'activité physique, la santé, la détente, l'introspection, etc.

L'idée est d'aligner votre quotidien sur votre rythme naturel afin d'avancer dans le plaisir et le respect de vous-même. Votre cerveau étant par ailleurs averti des moments où il devra créer, être productif ou se détendre, il sera plus coopératif le moment venu !

À VOUS DE JOUER

Je vous propose maintenant de créer votre semaine optimale. Installez-vous au calme, dans un endroit où vous ne serez pas dérangé avec quatre feuilles blanches.

Prenez une feuille pour chacun des trois domaines de vie principaux :

- vie privée (qui ne concerne que vous),
- vie personnelle (qui inclut peut-être votre partenaire, votre famille, vos amis ou votre entourage proche),
- vie professionnelle (qui concerne votre travail ou votre occupation principale).

→

Sur chacune de ces feuilles, listez ce dont vous avez envie et besoin pour que votre semaine soit la plus agréable à vivre pour vous, compte tenu de ce que vous avez à faire pour avancer dans la direction que vous avez choisie. À côté de chaque point, notez la fréquence à laquelle cela doit se réaliser : est-ce tous les jours ? Un, deux ou trois jours par semaine ? Y a-t-il un jour précis pour cela ou pas ?

Par exemple, pour une maman indépendante :

- *au niveau professionnel : accompagner mes clients (mardi, mercredi, jeudi), développer et gérer mon activité (lundi), enrichir et partager mes connaissances (vendredi) ;*
- *au niveau privé : voir mes amis (une fois par semaine au moins), réserver vraiment une soirée et une journée par semaine à mon compagnon, passer une demi-journée avec les enfants, les emmener à l'école (lundi, jeudi), aller les chercher (mardi, vendredi), faire les courses, le ménage ;*
- *au niveau personnel : rituel du matin et temps de relaxation de fin de journée (tous les jours) avec pratique corporelle (au moins deux fois par semaine) ou promenade dans la nature (au moins une fois par semaine), avoir une journée vraiment libre, etc.*

Une fois vos trois domaines de vie complétés, prenez la dernière feuille et dessinez un tableau avec les jours de la semaine en colonne et vos plages de temps en ligne. Pour définir les plages de temps, fiez-vous à vos habitudes réelles et votre rythme le plus naturel.

Par exemple :

	Lundi	Mardi	Mercredi	Jeudi	Vendredi	Samedi	Dimanche
8-9 h							
9-11 h							
11-13 h							
13-14 h							

→

14-16 h							
16-18 h							
18-20 h							
20-22 h							

Il ne vous reste plus qu'à placer les éléments là où cela vous semble bon ou nécessaire pour vous. Rappelez-vous qu'il s'agit de votre optimum, pas de votre maximum. Il est important de prévoir des moments où vous vous ressourcerez et d'inclure ce qui vous fait plaisir à vous en fonction de vos besoins les plus essentiels et du sens que vous souhaitez donner à votre vie. Je vous recommande aussi d'inclure dans cette semaine un temps par jour pour laisser la place aux imprévus. Cela vous permettra d'avoir un moment pour vous supplémentaire s'il n'y en a pas, et de ne pas prendre sur votre temps personnel le jour où ces imprévus se présentent.

C'est un idéal, votre semaine optimale va évoluer en fonction de votre réalité, vous aurez parfois des priorités à gérer et il y aura des moments où vous ne pourrez ou ne voudrez pas respecter cette structure. C'est tout à fait normal, la vie est rarement linéaire et prédictible. Ce serait déjà super si votre vie ressemblait à cela la majorité du temps, non ?

Lever les freins à l'action

Une fois que vous savez dans quel sens vous voulez avancer et comment vous organiser au quotidien pour y arriver, il n'y a plus qu'à passer à l'action ! Plus facile à dire qu'à faire, parce qu'on a tous des freins à l'action. Chez le haut potentiel, on en retrouve certains plus intensément que d'autres. Je vous propose donc de passer ces freins en revue pour apprendre à les lever au fil du temps.

Action *vs* procrastination

Une stratégie que l'on utilise très facilement pour ne pas passer à l'action est la procrastination. Il s'agit tout simplement de remettre ce que l'on a à faire au lendemain et/ou de se mettre à réaliser tout un panel d'actions sans rapport avec son intention initiale !

Parfois, c'est simplement qu'une partie de vous a toute confiance en votre capacité à faire mieux un autre jour. Deux autres raisons principales pour lesquelles on procrastine sont le manque de motivation et la peur. Si vous vous surprenez à procrastiner, il sera donc utile de déterminer la raison principale inconsciente qui vous amène à vous conduire de la sorte.

Ainsi, il arrive que nous procrastinions parce que nous ne voyons pas de plaisir immédiat à faire ce que nous avons à faire. Nous nous disons « je dois le faire », et face à la contrainte, nous ne choisissons pas le mode soumission mais le mode rébellion.

Si vous vous apercevez que vous manquez de motivation, revenez au sens de cette action. Pourquoi est-il important pour vous de réaliser cette action maintenant ? A-t-elle un sens au vu de votre étoile polaire (voir p. 154) ?

Si ce n'est pas le cas mais que cette action vient nourrir l'un de vos besoins fondamentaux, vous pouvez peut-être envisager de la déléguer. Si ce n'est pas non plus le cas, peut-être pouvez-vous tout simplement l'éliminer des actions à réaliser : puisqu'elle n'est pas essentielle, à quoi bon vous obliger ? Parvenir à ce « lâcher-prise » peut demander de changer de regard sur la situation, et peut-être de revisiter certaines croyances (voir p. 77).

Si vous trouvez un sens à cette action et que malgré tout vous n'arrivez pas à vous y mettre très concrètement, alors il est possible qu'une peur inconsciente soit la cause de votre inaction. Perfectionnisme, syndrome de l'imposteur et manque de confiance en soi seront des symptômes d'autosabotage et des résistances faisant office de protection.

Perfectionnisme : sain ou toxique ?

Il existe deux formes distinctes de perfectionnisme : l'une est souvent inhérente au haut potentiel, l'autre trouve généralement sa source dans l'enfance.

Lorsque l'on a un sens aigu du détail, une quête de qualité et d'excellence, on peut passer des heures, des jours voire des mois à chercher le mot exact, la couleur parfaite, le cours idéal, etc. Cela peut être un moyen de répondre à **un besoin inné de beauté, d'équilibre, d'harmonie, de justice et de précision**.

Cette forme de perfectionnisme est celle qui permet de créer le livre qu'on ne veut pas poser (le fameux *page turner*), la musique qui émeut aux larmes, le site Internet qui interpelle, la chorégraphie à couper le souffle par exemple.

Pour un haut potentiel, ce type de perfectionnisme vient souvent avec les spécificités neurobiologiques qui permettent de voir des détails ou nuances que d'autres ne verraient pas. Ce n'est pas malsain ou névrotique, c'est inné, c'est l'un de vos talents ! Imaginez ce que serait le monde si tout le monde avait un tel désir de profondeur, de beauté, d'exhaustivité et de précision. Laissez donc cette quête de perfection vous nourrir.

Tout le monde ne partage toutefois pas nécessairement vos standards. Je vous invite à faire preuve de patience et d'empathie envers vous-même et les autres à cet égard. Parfois, il sera peut-être nécessaire d'accepter de faire quelques compromis pour achever quelque chose d'important dans les temps ou pour collaborer avec d'autres. Dans ce cas, il peut être utile de revenir à votre pourquoi : quel est l'objectif que vous souhaitez atteindre ? Pourrait-il l'être avec un résultat « presque parfait » ?

Il en va différemment lorsqu'on a peur de l'échec ou le sentiment que même une simple erreur est inacceptable. Dans ce cas, on est généralement en présence d'un **perfectionnisme toxique qui prend souvent racine dans l'enfance**. On ne naît pas avec.

En tant qu'enfant, le haut potentiel est parfois en avance sur ses pairs. Si ses parents et enseignants le félicitent la plupart du temps pour son intelligence ou ses résultats scolaires, l'enfant peut en venir à croire que l'acceptation et l'amour des adultes dépendent uniquement du fait d'être le meilleur, de gagner et de réussir.

Alors, une forme de perfectionnisme malsain risque de s'installer et peut se transformer en peur de l'échec, en procrastination chronique et en anxiété généralisée. On a le sentiment que son existence dépend de ce qu'on fait plutôt que de qui on est. Si on n'atteint pas le plus haut niveau d'excellence, on se sent sans valeur. Et ce perfectionnisme malsain qui commence dans l'enfance se poursuivra à l'âge adulte.

La bonne nouvelle est qu'il est possible de faire évoluer ce type de perfectionnisme afin qu'il ne nous handicape pas ou ne nous détourne pas de notre chemin. Si vous vous reconnaissez dans ce type de perfectionnisme, une exploration en profondeur pourra parfois être nécessaire, dans la mesure où celui-ci ne vous appartient pas réellement, mais que vous l'avez pourtant intégré à votre personnalité. Il s'agira notamment de rétablir votre droit à l'erreur et d'apprendre à développer un état d'esprit de développement (voir p. 163).

Plutôt que de vouloir faire quelque chose parfaitement, pouvez-vous vous engager à **faire de votre mieux avec votre cœur** à ce moment-là ? Comme nous n'avons pas toujours les moyens de nos élans et que notre mieux change tous les jours, il est bien normal que, certains jours ou pour certaines tâches, le résultat varie. Nous ne sommes pas des machines sans faille.

Vous pouvez également vous inspirer de la loi de Pareto ou principe des 80-20. Selon cette loi, 80 % des résultats que nous obtenons proviennent de 20 % de nos actions. À méditer en cas de perfectionnisme toxique !

Autosabotage et résistance au changement

L'autosabotage se manifeste lorsque nous sommes sur le point d'avancer vers un de nos désirs profonds jugé indésirable ou dangereux par notre système de protection interne. La peur de l'imminence de cette réalisation nous amène à sous-performer par l'utilisation de stratégies bien inconscientes.

Ce peut être une forme de résistance, un processus tout à fait normal, parce que le cerveau est inconsciemment programmé pour évaluer comme dangereuse toute nouveauté, souvent parce qu'elle s'éloigne de ce qui nous est déjà connu. Nous résistons alors au changement.

Si nous nous adressons avec tendresse à cette part de nous qui résiste pour comprendre sa raison d'être et ses besoins, nous pourrons entrer en contact avec l'information qui se cache sous cette résistance : concrètement, qu'est-ce qui fait que nous nous sentons en danger si nous nous autorisons à vivre cette expérience ? De cette façon il sera peut-être possible de découvrir comment nourrir ce besoin de sécurité par un autre moyen que la résistance, afin de pouvoir vivre ce que nous souhaitons profondément.

Il est aussi possible que ce que nous désirons soit jugé dangereux par notre système nerveux en raison d'une blessure émotionnelle du passé. Une partie de nous nous protège alors de la répétition d'une expérience malheureuse. Il s'agira de pacifier cette blessure et de négocier avec cette partie afin de l'amener à comprendre que nous ne sommes plus la personne que nous étions, que nous avons aujourd'hui les moyens de vivre les choses différemment.

Quand on comprend cela, on comprend que **l'autosabotage n'existe pas vraiment** : il n'y a pas de partie de nous qui veut nous saboter, elles agissent toutes dans notre intérêt et veulent notre bonheur. Elles ne sont simplement parfois pas toutes d'accord sur les moyens pour y parvenir ! Il s'agit donc de les amener à coopérer pour trouver une solution commune.

Dépasser le syndrome de l'imposteur

Bien connu des indépendants et de nombreux professionnels, le syndrome de l'imposteur touche 80 % de la population à un moment ou à un autre, les femmes plus particulièrement. Avec un haut niveau d'exigence envers-lui même, sorte de perfectionnisme toxique, le haut potentiel pourra y être particulièrement sensible. Vous n'êtes donc clairement pas le premier ou la première à penser :

- « Mon succès est dû à la chance/au timing/à une erreur informatique. »
- « Si je peux le faire, n'importe qui peut le faire. »
- « Ce n'est qu'une question de temps avant que je sois "découvert" : je suis un escroc. »
- « S'il me critique, c'est bien la preuve que je suis incompétent. »

Du coup, vous travaillez jusqu'à l'épuisement ou vous procrastinez jusqu'à vous autosaboter.

Le « syndrome de l'imposteur » n'est pas une maladie, simplement le symptôme d'un manque de confiance en soi, d'un trop haut niveau d'exigence envers soi ou d'attentes irréalistes. Si l'on regarde l'autre côté de la pièce, cela signifie aussi que vous avez une belle capacité à vous remettre en question !

Les peurs les plus fréquentes à l'origine du syndrome de l'imposteur sont la **peur de l'échec**, la **peur de la réussite** et surtout la peur de leurs conséquences. En effet, ce que redoute souvent inconsciemment un être humain c'est d'être rejeté par son clan, son groupe, sa famille. Pour son cerveau primitif, sa survie en serait menacée.

Il est tout à fait possible de transformer la **croyance** qui entraîne ce manque de confiance caractéristique des personnes tout à fait compétentes ! Pour s'en sortir, il va être important d'identifier la pensée, l'Air, qui est à l'origine de cette peur, puis de l'investiguer pour déconstruire cette croyance : et si le contraire était vrai ? Autrement dit, et si l'histoire que vous vous racontez était fausse ?

La **comparaison** est l'autre grande responsable du syndrome de l'imposteur. Je vous renvoie là encore à l'élément Air : souvenez-vous, inspirez-vous plutôt que de vous comparer.

Le secret pour dépasser définitivement le syndrome de l'imposteur est le passage à l'action en donnant le meilleur de soi à cet instant tout en se détachant du résultat final. Pour gagner en légitimité quel que soit le résultat de votre action, vous pouvez en faire le bilan afin d'extraire la valeur de l'expérience que vous venez de vivre. Ainsi, après chaque action pour laquelle vous souhaitez progresser, vous pouvez vous poser la série de questions suivante :

1. Qu'est-ce que j'ai fait et qui a bien fonctionné ? Ainsi vous saurez concrètement ce que vous pouvez reproduire.
2. Qu'est-ce que j'ai fait et qui n'a pas fonctionné autant que je le voudrais ? Vous aurez ainsi plus de clarté sur ce que vous ne souhaitez plus faire de cette manière.
3. Avec l'expérience que je viens de vivre, si je devais recommencer cette action, qu'est-ce que je ferais différemment ? Vous saurez ainsi concrètement quoi mettre en place la prochaine fois.

Gagner en confiance

La confiance en soi se gagne généralement par le constat que nous sommes capable de réaliser certaines choses. Elle implique donc un passage à l'action. Cela peut nécessiter de **changer radicalement d'état d'esprit**, en passant de l'état d'esprit fixe à celui de développement.

Le concept d'état d'esprit de développement a été développé par Carol Dweck, psychologue américaine. Elle a identifié deux états d'esprit différents :

- **l'état d'esprit fixe** : dans cet état d'esprit, nous pensons que nos capacités, comme l'intelligence ou les talents, sont fixes, innées, et qu'elles suffisent à elles seules à créer le succès, sans effort ;

- **l'état d'esprit de développement** : dans cet état d'esprit, nous pensons que nos capacités peuvent être développées grâce à la répétition, elles ne sont qu'un point de départ.

L'état d'esprit fixe crée un sentiment de pression interne de devoir réussir constamment, nos performances étant considérées comme le reflet direct de nos capacités, de notre intelligence et de nos compétences, donc de notre valeur intrinsèque. Focalisant notre attention sur le risque d'échouer, nous sommes alors souvent sujet à anxiété.

À l'inverse, un état d'esprit de développement nous donne la capacité de relever les défis, de les considérer comme des opportunités d'apprentissage pour nous aider à développer nos compétences, capacités et talents. Dans cet état d'esprit, nous acceptons alors la possibilité d'un échec. L'échec n'est plus craint mais vécu comme faisant partie du processus d'apprentissage et de perfectionnement. C'est l'état d'esprit de Nelson Mandela quand il écrit : « Dans la vie, je ne perds jamais : soit je réussis, soit j'apprends. »

Avec cet état d'esprit, quel que soit le résultat de l'action que nous entreprendrons, nous en sortirons gagnant.

BOOSTEZ VOTRE COURAGE !

Le mot courage vient du mot cœur. Ainsi, le courage consiste souvent à passer à l'action même quand on a peur parce que notre cœur nous y invite. Voici une proposition pratique pour vous aider à trouver ce fameux courage en cas de peur juste avant d'agir ou en préparation :

- adoptez la posture de Superman/Wonderwoman : debout, pieds écartés un peu plus largement que le bassin, poings sur les hanches ;
- bombez la poitrine en faisant monter votre sternum et en respirant dans cette zone ;

→

- visualisez-vous en train de réaliser avec succès l'action que vous redoutez peut-être ;
- si la peur est là, faites trembler vos jambes, vous évacuerez ainsi une partie de la réponse inconsciente ;
- sentez comme vous serez fier/fière de vous parce que vous allez faire du mieux que vous pouvez.

Si nécessaire, arrosez le tout d'huile essentielle de la confiance en soi, celle du laurier noble. Le laurier couronne les vainqueurs. Cette huile apporte courage et force mentale, confiance et respect de soi. Elle donne envie de se redresser et d'agir, favorise l'expression et la communication, agit sur la peur de parler en public, la fatigue émotionnelle et mentale. Elle renforce également la capacité de concentration et la mémoire. C'est l'idéal avant un examen, une conférence, une réunion ou un rendez-vous stressant.

Vous êtes prêt, vous pouvez le faire !

En revenant régulièrement au sens de nos actions et à nos désirs fondamentaux, il est souvent plus facile de trouver la motivation et le courage pour passer à l'action. Vivre des idéaux dans notre tête nous permet de savoir vers quoi nous tendons. Sans début de matérialisation, aussi imparfaite soit-elle, ils ne deviendront pourtant jamais réalité. Alors osons, activons la flamme de notre feu intérieur pour nous aider à passer à l'acte !

Honorer ses victoires et ses pertes

Tous les êtres humains ont le besoin de célébrer et de faire le deuil de certaines choses. Quand on vit avec l'intensité d'un haut potentiel, ce besoin prend une importance majeure !

Si l'on a réussi, il peut être particulièrement utile de célébrer ce succès. Cela renforce l'estime de soi et permet d'oser des choses qui paraissaient jusque-là totalement hors d'atteinte. En reconnaissant chacune de vos victoires, y compris celle d'être passé à l'action, vous progressez lentement mais sûrement vers de grands changements. Surtout, vous **prenez le temps de savourer intérieurement, viscéralement, la satisfaction** de l'un de vos besoins plutôt que de passer votre vie à courir après la prochaine réalisation.

Célébrer un succès n'a pas à être extraordinaire, ce qui est important c'est surtout de reconnaître que vous avez réussi à faire quelque chose, surtout si cela vous paraissait difficile, et même si cela vous paraît après coup insignifiant. Il n'y a pas de « petites » victoires, que des victoires !

Enfin, pour rester dans un état d'esprit de développement, il est fondamental de garder en tête que **nous n'avons pas toujours les moyens de nos élans.**

La société dans laquelle nous évoluons nous invite à ne souhaiter que le printemps et l'été. Nous devrions sans cesse faire pousser des graines et récolter des fruits. Ce n'est pourtant pas comme cela que fonctionnent les cycles naturels. L'automne et l'hiver, les temps de décroissance d'énergie et de retour à l'intérieur font partie du cycle. On peut ainsi parler de vide fertile.

Les pertes que nous vivons, les moyens intellectuels, émotionnels ou physiques que nous n'avons pas à un moment donné pour satisfaire un besoin, font aussi partie de la vie.

La frustration d'être un humain limité, parfois impuissant, peut alors émerger parce que nous avons parfois appris que nous avions du mérite et de la valeur en fonction de nos actes. À travers le filtre de ce que nous avons internalisé étant enfant, nous avons conditionné notre amour de nous-même à ces réalisations. Cela nous condamne nécessairement à vivre des hauts et des bas incessants, au rythme de nos saisons internes. Et si l'amour de soi commençait vraiment lorsque cesse l'estime de soi ?

En réalité, nous sommes inestimables : personne, même pas nous-même, ne peut dire quelle est notre valeur intrinsèque absolue.

C'est là où l'espace d'accueil que nous pouvons créer en nous lorsque nous nous sommes laissé prendre à ce jeu devient lui aussi inestimable. En nous reconnectant au besoin profond sous-jacent, nous nous offrons la possibilité de savourer les beautés de la vie.

L'essentiel à retenir

➔ Avancer dans une direction qui a du sens pour vous est la clé de votre épanouissement.

▶ Pour bien vivre au quotidien : déjouez vos freins à l'action en apprenant à les transformer.

▶ Pour évoluer sur le long terme : mettez du sens et de la clarté dans vos actions pour avancer vers la réalisation de vos désirs les plus profonds.

5.

RÉVÉLEZ VOTRE ESSENCE !

Imaginez que vous êtes dans un lieu naturel et sauvage, un espace où chaque être vivant est exactement ce qu'il est : l'arbre est arbre, la rivière est rivière, le vent est vent, tout simplement. C'est vraiment un espace où chaque être peut être pleinement lui-même. Visualisez-vous dans cet espace au contact des éléments. Puis imaginez que l'espace entre tous les atomes qui vous composent se fasse de plus en plus grand, vous prenez autant d'espace que vous le souhaitez, la matière n'est plus une limite, vous devenez un être illimité.

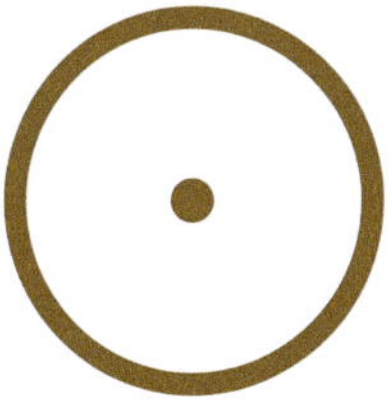

Nous voici à présent dans une sphère plus éthérée, moins palpable, souvent invisible pour les yeux et pourtant fondamentalement essentielle.

Cette quintessence, notre nature originelle, c'est la partie qui veut s'épanouir telle qu'elle est, depuis ses talents les plus naturels. Le haut potentiel, avec sa sensibilité particulière et son cerveau hyperconnecté, pourra se relier à sa source de sagesse profonde pour rayonner de tout son être.

Bienvenue dans le monde de la réalisation de soi et de l'épanouissement, bienvenue au cœur de notre Essence !

Le cinquième élément

Selon les traditions, on l'appelle aussi éther, prana, chi ou qi. Il s'agit de la force de vie, cette énergie subtile et essentielle qui nourrit et entretient tout. Aujourd'hui, la science parle de champ unifié quantique. Ce champ occupe l'espace qui n'est pas densifié en matière et se présente partout sous la forme de champs de particules et d'ondes.

L'éther s'exprime tout le temps, sous toutes les formes. Cet élément n'est pas évolutif, il est. Il n'est donc pas question ici d'équilibre ou de déséquilibre mais plutôt de réceptivité et d'état d'être.

Les besoins fondamentaux qu'il nous permet d'assurer sont nos besoins d'accomplissement en incarnant nos plus beaux talents et en les mettant au service des autres. Les questions métaphysiques profondes qui sous-tendent alors cet élément sont : **qui suis-je ? Que suis-je ?**

Il implique de renouer avec notre Essence originelle, ce que nous sommes réellement et profondément. C'est la raison d'être de la démarche d'alignement des éléments que nous avons exploré jusqu'à présent. Voyons maintenant concrètement comment mettre en lumière nos talents les plus naturels pour les incarner au quotidien, comment nous connecter à notre source de sagesse la plus élevée et rayonner notre Essence la plus subtile.

Qu'est-ce que l'Essence, le Soi véritable, la nature profonde de l'être ?

Le concept du Soi est apparu à l'Antiquité, lorsqu'est née l'idée de l'âme. On le décrit comme une forme de présence profonde, qui voit et fait l'expérience de tout, en se tenant avec sagesse en retrait de notre quotidien. Ce Soi est la source de notre individualité unique, la partie la plus pure, subtile, intrinsèque de nous.

Selon les traditions philosophiques, psychologiques ou spirituelles, on l'appelle parfois l'âme, le Moi profond, le Soi, le supraconscient, la nature profonde, la nature originelle, le cœur de l'être, l'Essence, le vrai self, etc.

Puisque nous avons la capacité d'observer nos pensées, nos émotions, nos sensations, c'est que nous ne sommes pas ces éléments. Nous sommes la personne qui en fait l'expérience. C'est ça notre Essence, cette part de nous qui est au-delà de ces éléments qui nous traversent.

L'Essence est notre Moi inconditionné, notre vérité intrinsèque, c'est aussi ce que nous serions aujourd'hui si nous avions été et étions totalement accepté et aimé pour tout ce que nous sommes. Naturellement c'est une forme d'utopie puisque nous aurons toujours une forme de conditionnement actif, mais nous aspirerons également toujours à être aimé tel que nous sommes. Notre Essence a donc besoin d'être dé-conditionnée et dé-couverte des couches de mécanismes de protection et de défense que nous avons mises en place pour protéger ce joyau intérieur. Alors elle peut s'exprimer pleinement et librement. C'est la raison d'être de l'exploration qui précède.

Ainsi, se réaliser sur le plan humain, c'est exprimer la réalité de qui nous sommes, nos qualités, nos talents dans les différents domaines de notre vie et dans la façon dont nous vivons notre vie.

Lorsque nous sommes en accord avec notre Essence, nous voyons les choses clairement et évoluons dans un état de fluidité. Lorsqu'elle s'exprime, nous sommes dans une paix profonde et nous agissons en confiance car l'Essence ne connaît pas la peur.

L'Essence est aussi notre source de sagesse interne, notre guide vers notre but ultime qui nous aide à la prise des meilleures décisions. C'est la source de notre intuition. Elle s'exprime en termes de symboles et d'archétypes et est très sensible aux pouvoirs des rituels. En acceptant de nous laisser guider par elle, nous évoluerons dans le sens de notre aspiration profonde.

Invisible pour les yeux, subtile, notre Essence est très discrète, parfois en retrait. Nous devons lui faire de la place pour accéder à cette source de sagesse, ce guide intérieur et à ses ressources insoupçonnées.

Ceux qui en font l'expérience logent généralement l'Essence dans leur cœur, « au cœur du cœur de leur cœur ».

★ PRATIQUE FONDAMENTALE : LA COHÉRENCE CARDIAQUE POUR VOUS SYNCHRONISER AVEC VOTRE ESSENCE

La recherche scientifique montre aujourd'hui que le cœur a un système de neurones semblable à celui du cerveau. Ces circuits neuronaux connectent le cœur et le cerveau et communiquent entre eux. Le cœur serait le seul organe du corps à envoyer plus d'informations au cerveau qu'il n'en reçoit de lui. Il a par ailleurs ses propres neurotransmetteurs, comme le FNA (facteur natriurétique auriculaire) qui assure l'homéostasie, l'équilibre global du corps, et permet la production d'ocytocine, l'hormone de l'amour. À l'instar des intestins appelés parfois « deuxième cerveau », le cœur peut donc être considéré comme un cerveau lui aussi.

Lorsque le cerveau de la tête guide celui du cœur, nous connaissons des états de manque, de peur et d'orgueil qui influent sur nos pensées comme sur la santé du corps. Lorsque le cerveau du cœur guide celui de la tête, la pensée est plus créative, l'intuition juste, les émotions ressenties sont celles de l'empathie, l'altruisme, l'amour. Le corps physique est en bonne santé.

La cohérence cardiaque se réalise grâce aux ondes de pression que le cœur envoie au reste du corps, cerveau y compris, lors de ses battements. Elle permet de réguler le système nerveux, d'apaiser le mental et de synchroniser le cerveau de la tête avec celui du cœur. On observe alors une meilleure gestion de l'état émotionnel et un bien-être physique et psychique. Nous sommes plus en lien avec notre nature profonde, notre Essence.

D'une simplicité à la hauteur de son efficacité, cette méthode reprend le principe de la respiration équilibrante que nous avons déjà vue. Elle consiste à inspirer régulièrement pendant cinq secondes puis à expirer sur la même durée, le tout pendant trois à cinq minutes, plusieurs fois par jour si nécessaire.

→

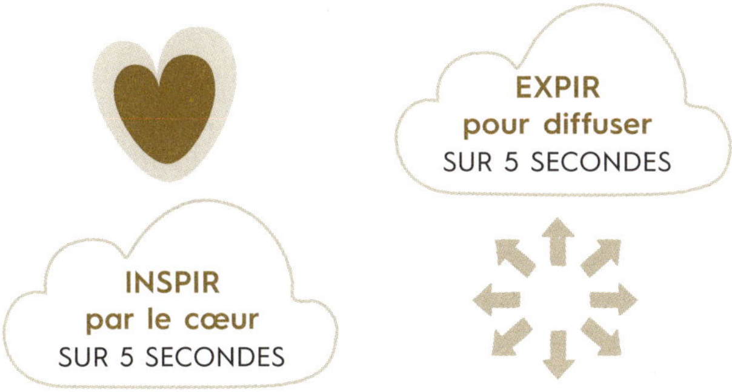

La cohérence cardiaque

Pour en augmenter les effets, vous pouvez ajouter une visualisation à votre pratique. Imaginez que vous inspirez par le cœur une lumière blanche ou dorée. Lors de l'expiration, imaginez qu'elle se diffuse dans tout votre corps.

Selon vos besoins du moment, vous pouvez aussi commencer par imaginer que l'expiration vous permet de faire sortir de votre corps, sous forme de fumée grise, tout ce qui vous encombre : soucis, pensées indésirables, tensions, émotions.

De nombreuses applications et vidéos pourront vous guider dans cette pratique, sur des fonds visuels ou sonores plus ou moins apaisants. **La cohérence cardiaque est pour moi un indispensable au quotidien**, je recommande de la pratiquer au moins trois minutes par jour, comme le brossage de dents !

Lorsque nous sommes en état de cohérence cardiaque, le silence commence à s'installer dans le cerveau de la tête. Le cerveau du cœur peut commencer à être entendu. L'intuition nous guide. Nos pensées, nos actes sont cohérents avec ce que nous sommes en profondeur, avec notre Essence. Alors tout naturellement, nos talents naturels s'expriment.

Mettre en lumière ses talents naturels

Nous possédons tous des talents naturels. Il s'agit de quelque chose que nous faisons sans effort et que les autres considèrent comme spécial, alors que, justement, nous n'avons pas l'impression d'avoir fait quoi que ce soit de particulier. Ce sera notamment le cas chez le haut potentiel qui ne verra peut-être pas sa capacité toute particulière en matière d'apprentissage, de mémorisation, de vitesse de traitement ou d'empathie par exemple. Ou chez le multipotentiel qui ne verra pas l'ingéniosité des ponts qu'il peut faire entre ses différentes facettes. Ou encore chez l'hypersensible qui ignore le cadeau qu'il offre avec son écoute bienveillante.

Mettre en œuvre nos talents naturels au quotidien est véritablement l'une des **clés de l'épanouissement et de la réalisation**, qu'elle soit personnelle ou professionnelle. C'est en effet de cette façon que notre Essence peut exprimer son unicité, sa singularité, sa richesse.

Ainsi, pour William Shakespeare, « le sens de la vie est de trouver votre don, le but de la vie est de le partager ».

Les talents peuvent concerner autant des savoir-être (précis, empathique, drôle, à l'écoute, etc.) que des savoir-faire (organiser, écrire, prendre la parole en public, entreprendre, cuisiner, analyser, etc.).

Lorsque les talents naturels s'expriment, on connaît ce que la psychologie positive appelle une expérience de *flow*, un état mental que l'on vit lorsqu'on est complètement immergé dans ce que l'on fait. En français, on pourrait traduire le terme par celui de « flux » ou de « fluidité ».

Quand on est dans le *flow* :

- on est très concentré, rien ne peut nous déranger ;
- on perd la notion du temps, voire la nécessité de répondre aux besoins physiques, on peut avoir la sensation de « planer » ;

- on prend du plaisir à ce que l'on est en train de faire, on n'a pas l'impression de travailler ;
- on se sent la bonne personne au bon endroit, à sa juste place ;
- quand on a terminé, on a un sentiment de réalisation de soi ou de satisfaction du résultat obtenu pour soi-même.

Il n'est pas évident de reconnaître nos talents naturels, puisque, par définition, ils nous sont si naturels que nous n'avons pas l'impression de faire quoi que ce soit de particulier. On peut alors penser que tout le monde sait le faire, que c'est tout à fait normal, banal, puisque sans effort pour nous. Pourtant, nous seul pouvons faire ce que nous faisons comme nous le faisons, c'est l'ensemble de nos talents naturels qui constitue notre singularité.

À VOUS DE JOUER

Voici deux exercices pratiques dont vous ferez le bilan ensuite pour vous aider à visualiser l'ensemble de vos talents naturels.

1. Ce que vous pensez de vous

Je vous invite à prendre le temps de répondre à cette première série de questions une première fois spontanément, puis de laisser reposer et d'y revenir plus tard, dans une heure ou quelques jours.

• Qu'est-ce qu'il est facile de faire pour vous ?

....

....

....

....

• Qu'est-ce qui ne vous demande pas vraiment d'effort ?

....

....

....

....

→

- Dans quelle situation les autres font-ils souvent appel à vous ?

....

....

....

....

- Quels sont les compliments qu'on vous fait le plus souvent ?

....

....

....

....

- Que faites-vous spontanément quand vous êtes seul ?

....

....

....

....

- Qu'est-ce que vous ne pouvez pas vous empêcher de faire ?

....

....

....

....

2. Ce qu'en dit votre entourage

Votre entourage proche peut aussi être une précieuse source d'informations pour vous aider à identifier vos talents naturels. Posez ces questions à quelques personnes de confiance autour de vous :

- D'après toi, quelles sont mes trois plus grandes qualités ?
- Qu'est-ce que je fais souvent et que je fais vraiment bien selon toi ?
- Qu'est-ce que tu aimerais savoir faire comme moi ?

→

Vous pouvez préciser qu'il s'agit juste d'un exercice, que ce qui vous intéresse ce sont des réponses simples et surtout spontanées, et que cela peut concerner tous les domaines de vie (professionnelle, familiale, amicale, associative, etc.), des réalisations concrètes comme des états d'être.

Regroupez toutes les réponses que vous avez obtenues :

....

....

....

....

....

....

....

3. Bilan

Dessinez-vous symboliquement au centre d'une feuille et écrivez tout autour de vous les talents que vous avez identifiés grâce à ces deux exercices. Puis tracez un trait entre vous et chaque talent. Voilà ce que vous rayonnez, entre autres !

Mettre en œuvre vos talents naturels est réellement une clé de réalisation au quotidien. Si vous exercez une activité professionnelle, plus vos talents naturels auront l'occasion d'être mis au service de celle-ci, plus elle sera fluide pour vous. Si cette activité a en plus un sens fort pour vous (voir p. 174), vous êtes pleinement sur la voie de votre épanouissement.

Oser sa créativité

Il y a mille et une façons d'exprimer nos talents et notre Essence. En cela, nous sommes tous des artistes, nous sommes tous capable de **créer de l'émotion en nous ou chez l'autre en faisant les choses avec notre cœur et en y prenant du plaisir**.

Pour les zèbres atteints du syndrome de l'imposteur, sachez que vous ne pourrez jamais faire du 100 % original (c'est une spécialiste du droit d'auteur qui vous le dit). La créativité n'est pas l'art de créer quelque chose de nouveau. C'est plutôt l'art de s'inspirer du réel, d'assembler l'existant, de mettre des idées bout à bout et de s'autoriser à tout exprimer, même notre grain de folie.

Quand on est particulièrement sensible ou que l'on s'intéresse à différents domaines, les champs d'expression de la créativité sont vraiment vastes. La clé : se donner des temps où on peut s'exprimer sans jugement, sans pression du mental à réaliser quoique ce soit.

L'inspiration ne prend pas rendez-vous, elle se nourrit puis se laisse venir, comme l'intuition. Sortez, observez, ou bien restez au calme ou dans le chaos selon ce qui vous ressource et vous inspire. Vous avez aussi peut-être des moments dans la journée où vous êtes plus créatifs que d'autres. Notez vos idées le reste du temps.

Si vous pensez que vous êtes nul ou que vous n'avez pas le temps, vous pouvez reprogrammer votre discours interne et guérir des blessures émotionnelles du passé. Peut-être avez vous reçu une éducation qui vous empêche aujourd'hui de prendre du plaisir ou du temps pour vous. Peut-être que vous n'avez pas pu expérimenter autant que vous le souhaitiez, le style se réveille progressivement au fil des essais et apprentissages qui caractérisent le processus artistique.

Et si vos créations, qu'elles soient intellectuelles, artistiques, manuelles ou autres permettaient à l'autre, vous y compris, d'adopter un autre regard sur la vie ? de laisser votre Essence s'exprimer ? de développer votre intuition ?

Développer son intuition

De l'hésitation à tout va aux décisions stratégiques et créations visionnaires, il n'y a qu'un pas : la reconnexion à notre Essence. En effet, pour faire passer ses messages, l'Essence travaille main dans la main avec l'intuition. Elle nous permet d'avancer vers notre but en prenant les meilleures décisions pour nous et d'être à l'écoute des « signes » qu'elle perçoit et nous envoie, tout en laissant notre personnalité s'exprimer à travers nos actions.

Tout le monde la possède, le plus dur c'est de lui donner sa place car elle est très discrète. Avec des connexions neuronales à haut débit, le haut potentiel capte plus d'informations, même les plus subtiles. Hyperconnectés, particulièrement lucides, nous avons donc un potentiel certain pour accéder à notre intuition. Pour cela, il est nécessaire d'équilibrer l'Air, le mental, pour qu'il ne prenne pas toute la place. Voyons comment entendre cette voix si discrète à l'intérieur, pour ensuite apprendre à l'écouter, la ressentir, et nous ouvrir le champ des possibles.

C'est quoi l'intuition ?

Du latin *intuitio* : regarder attentivement à l'intérieur. Selon le dictionnaire Larousse, l'intuition c'est « **la connaissance immédiate et directe de la vérité, sans recours au raisonnement, à l'expérience** ». Elle est spontanée, elle ne passe pas par le mental, l'intellect.

Pour Jung, l'intuition est une perception acquise *via* l'inconscient, une fonction cérébrale qui établit une connexion avec les couches les plus profondes de l'inconscient, personnel et collectif, à travers les archétypes et les symboles.

Or en une seconde, le conscient traite environ 2 000 bits pendant que l'inconscient en gère 400 milliards. L'inconscient traitant environ 200 millions de fois plus d'informations que le conscient, l'intuition, ce « sixième sens », nous donne le résultat d'un raisonnement trop rapide pour être porté à notre conscience sous forme de connaissance explicable intellectuellement : une information brève, légère et subtile.

Quand l'intuition se manifeste-t-elle ?

Vous est-il déjà arrivé de tourner en rond sur un sujet puis, au cours d'une balade, sous la douche ou juste avant de vous endormir, d'avoir d'un coup LA bonne idée pour avancer ? C'était votre intuition !

Le cerveau émet sur différentes fréquences en fonction de son activité du moment : on parle d'ondes alpha, bêta, gamma, thêta et delta.

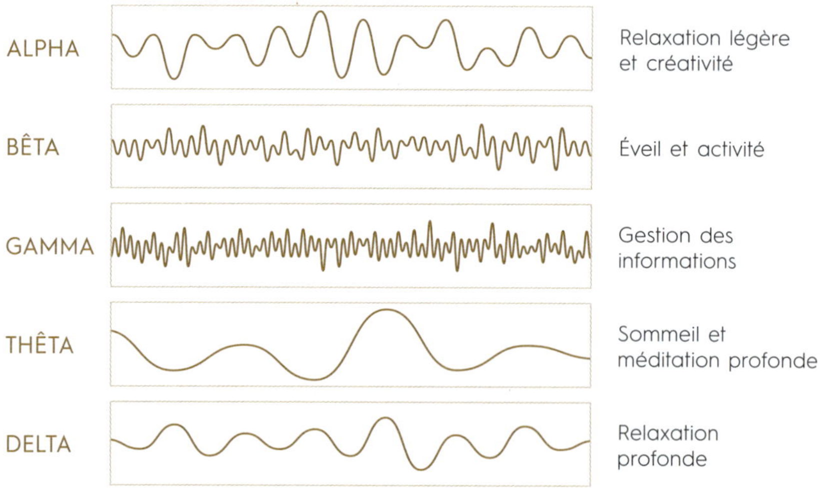

Quand vous réfléchissez de manière rationnelle à un problème, pendant que vous lisez attentivement un texte pour le comprendre, vous êtes en ondes gamma. L'intuition, elle, se manifeste le plus souvent quand le cerveau est en état d'ondes alpha, delta et thêta, autrement dit dans les moments de calme, de relâchement, de détente ou d'évasion.

Dans le monde dans lequel on vit, surtout avec un système nerveux hyperexcitable, écouter son intuition c'est comme écouter une mésange dans une boîte de nuit : **il va falloir baisser le volume sonore**

pour pouvoir l'entendre ! Pour cela, il faut apaiser le système nerveux dont la fonction principale est de veiller à la sécurité et qui s'emballe facilement sous le joug du mental comme on l'a vu avec l'élément Air.

Cela passe par des moments de reconnexion. Sinon, on peut être hyperconnecté, aux autres, au monde, tout en étant « hypoconnecté » à soi-même. Ces moments de reconnexion sont un véritable gage de paix intérieure et généralement un prérequis pour accéder à l'information de l'instant. Plus vous cultiverez cette connexion, plus il vous sera facile d'accéder à votre intuition sur demande.

Comment se manifeste votre intuition ?

Cette petite voix s'exprime avec une grande clarté mais ne s'impose pas. Elle semble provenir d'une présence calme et centrée, une conscience supérieure, une forme d'intelligence qui vous guide.

Le mental quant à lui calcule, a peur. Dès que vous passez en mode commentaire, critique ou évaluation, vous avez quitté la sphère de votre Essence pour entrer dans celle de votre mental.

L'intuition peut utiliser divers canaux de communication :

- le canal kinesthésique : les ressentis, le corps viscéral profond ;
- le canal auditif : les mots et les sons ;
- le canal visuel : les images ;
- le canal de la connaissance directe.

Ainsi, l'intuition peut prendre **plein de formes différentes** : sensation dans les mains, frisson, flash, mot/son, image, couleur, lourdeur, chaleur, compression, ouverture...

Pour commencer à apprivoiser votre intuition, je vous propose d'étalonner votre « oui/non intuitif ».

★ PRATIQUE FONDAMENTALE : ÉTALONNEZ VOTRE OUI/NON INTUITIF

Prenez deux feuilles de papier. Sur la première, écrivez un grand OUI, sur la seconde un grand NON. Puis déposez ces deux feuilles au sol devant vous à environ 50 centimètres l'une de l'autre. Prenez le temps de vous mettre dans un état de cohérence cardiaque ou dans un état neutre.

Puis venez vous placer debout sur le OUI et fermez les yeux. Qu'est-ce que ça vous fait à l'intérieur ? Prenez le temps de scanner votre corps pour observer les sensations et vous en imprégner.

Quand c'est bon pour vous, faites un pas en arrière et remettez-vous dans un état neutre.

Venez ensuite, vous placer sur le NON et fermez les yeux. Qu'est-ce que ça fait à l'intérieur ? Prenez le temps de sentir, scannez votre corps pour repérer les sensations de l'instant.

Peut-être qu'avec le OUI, vous avez senti de la chaleur, que votre corps part vers l'avant, se détend dans un sens d'ouverture ou de relâchement, que votre visage s'ouvre, votre ventre s'assouplit, vos épaules redescendent, ou tout autre chose.

Alors qu'avec le NON, votre corps se refroidit, il part vers l'arrière, se contracte, se tend, votre visage se ferme, votre ventre se resserre, vos épaules remontent, ou tout autre chose.

Une fois votre oui/non intuitif étalonné, ajustez-le au fur et à mesure de vos expériences. À force d'entraînements, vous percevrez de plus en plus de subtilités.

Souvenez-vous que **l'intuition est immédiate, en quelques secondes vous avez votre réponse ; au-delà, c'est le mental qui intervient**.

Votre intuition ne répond pas que par oui ou par non, vous pouvez lui poser toutes les questions que vous voulez, à condition d'être en état de réceptivité. Il est également possible d'approfondir la réponse obtenue. Parfois, celle-ci semble vague, floue ou très métaphorique. Dans ce cas, investiguez les réponses reçues en entrant dans la perception, aussi irrationnelle soit-elle : l'Essence parle sous forme de symboles et d'archétypes.

Musclez votre intuition au quotidien

Vous pouvez considérer votre intuition comme un muscle : pour la développer il faut l'entraîner régulièrement. Ainsi, elle va progressivement gagner en consistance.

Commencez par utiliser régulièrement votre oui/non intuitif. Exercez-vous dans les petites occasions, faites simple, amusez-vous ! Toutes les occasions sont bonnes pour s'entraîner. Voici quelques propositions pour vous y aider :

- **Jouez à deviner :** qui appelle ? Est-ce une bonne ou une mauvaise nouvelle pour moi ? Que contient cette enveloppe ?
- **Jouez à vous laisser guider :** partez à l'aventure avec comme seul guide votre intuition, pour une heure, une journée, un week-end, et voyez où cela vous mène ! Quel est intuitivement le premier endroit qui vous vient à l'esprit pour cela ? Et maintenant, allez-vous à droite ou à gauche ? Vous vous sentez appelé à faire une pause sous un arbre ou à entrer dans un magasin ? Allez-y !
- **Servez-vous de supports comme les cartes :** tarot de Marseille, oracles ou jeu illustré par exemple. Utilisez-les en lecture intuitive, plutôt que prédictive. Au lieu de vous fier au livret qui accompagne votre jeu, regardez la carte, de quoi vous parle-t-elle, là comme ça ? Par quoi votre œil est-il attiré ?
- **Considérez vos rêves :** juste avant de vous endormir, demandez à votre inconscient de vous apporter la réponse qu'il vous manque... au réveil, soyez réceptif aux messages reçus. La majorité du temps, chacun des personnages de vos rêves représentera un aspect de vous-même. Votre inconscient utilise le mécanisme de la projection : il a choisi de donner l'aspect de cette personne à cette part de vous pour ce qu'elle représente pour vous. Vous retrouverez aussi souvent les éléments naturels tels que présentés dans ce livre : un animal marin ou une inondation vous parlera généralement de vos émotions, un oiseau ou un vent fort de vos pensées, etc. Interpréter les rêves avec justesse est un art qui s'affine avec la pratique. Le champ d'exploration est vaste et peut être profondément thérapeutique.

Amusez-vous, autorisez-vous à vous tromper, essayez sur de petites choses sans enjeu émotionnel, sans attente de résultats ou de performance. Les erreurs font partie du processus d'apprentissage. C'est en écoutant et en reproduisant ce qui marche que vous allez progresser.

Et pensez à évaluer *a posteriori* : sur ce coup-là, c'était votre mental ou bien votre intuition ?

Rayonner son Essence

Il est aujourd'hui scientifiquement prouvé que le cœur dégage un champ électromagnétique 5 000 fois plus grand que le cerveau : il est mesurable de deux à quatre mètres autour du corps humain. Ainsi, les ondes qu'émet notre cœur sont inconsciemment perçues par ceux qui nous approchent : ils reçoivent l'information énergétique contenue dans notre cœur.

De la libre expression de notre Essence découle la qualité de notre relation aux autres, parce que inconsciemment, ce sont avant tout nos qualités essentielles, ce que nous incarnons, que l'autre vient chercher chez nous. Cette vibration se diffuse et s'infuse aussi dans toutes nos créations lorsque nous les matérialisons, leur donnons une forme d'expression.

★ PRATIQUE FONDAMENTALE : FAITES RAYONNER VOTRE ESSENCE

Asseyez-vous confortablement et fermez les yeux si vous vous sentez suffisamment en sécurité pour le faire. Le dos est droit, sans tension, les épaules et les mâchoires relâchées.

Imaginez votre bassin comme un grand récipient, une bassine contenant votre Terre, dense, bien posée là où vous êtes. Portez votre attention sur les points de contact avec le sol ou votre chaise. Sentez-vous vos os des fesses ? Laissez le poids du corps descendre pour les laisser s'enfoncer encore un peu plus avec chaque expiration.

→

Au centre de votre bassin, dans votre Terre, vient se placer une graine. Votre simple attention à sa présence et votre respiration la nourrissent. Alors à son rythme, elle pousse. Une tige s'élève progressivement le long de votre colonne vertébrale, attirée par les rayons de votre cœur.

Jusqu'à ce qu'une fleur s'ouvre à ce niveau, votre fleur bien particulière. Chacune de vos respirations vient caresser ses pétales, comme pour délicatement la nettoyer de ce qui l'encombre, la purifier peut-être aussi de poussières ou d'eaux stagnantes. Elle brille de plus en plus.

Laissez cette fleur rayonner à présent, progressivement, comme une sphère de lumière qui grandirait, jusqu'à englober votre corps entier. Peut-être souhaite-t-elle rayonner plus largement encore, à quelques centimètres, quelques mètres autour de vous.

Peut-être pouvez-vous aujourd'hui la laisser s'étendre à la pièce dans laquelle vous vous trouvez... à toute la maison... à votre quartier... votre ville... le pays... le continent... la planète... et peut-être au-delà encore...

Restez quelques instants en présence de cette énergie d'expansion. Peut-être avez-vous la sensation de vous fondre dedans, de ne faire qu'un avec ce qui vous entoure. Ou peut-être tout autre chose.

Pour revenir à vous, ramenez progressivement cette énergie le long de votre axe, à l'intérieur de votre colonne vertébrale, jusqu'à son point de départ. Étirez-vous, bougez et ouvrez les yeux à votre rythme. Comment vous sentez-vous à présent ? Prenez un temps pour savourer ce nouvel état.

Si nous pensons à nous mettre dans cette énergie lorsque nous interagissons ou que nous créons, **nous dégagerons quelque chose de subtil qui fera toute la différence, la nôtre** !

Notre être est multidimensionnel : physique, mental, émotionnel, énergétique. Notre Essence l'est aussi. Elle pourrait ainsi exister à deux niveaux de réalité. Le premier serait spirituel : elle serait la conscience, la présence, l'immobilité et l'énergie qui circulent à travers tout. Dieu, la source, la vie, peu importe le nom que nous choisissons de lui donner, la réalisation de soi à ce niveau serait de comprendre que cela est notre vraie nature.

L'autre niveau serait humain. Notre Essence est la façon dont cette vraie nature s'exprime dans la vie à travers notre personnalité. Se réaliser sur le plan humain, c'est exprimer notre combinaison unique de qualités, de talents et d'expressions dans tous les domaines de notre vie, lorsque nous en ressentons l'élan.

Évoluant dans un monde où nos sens sont sursollicités, où les informations sont disponibles presque à l'infini, où l'attention est devenue le nerf de la guerre, où le quotidien peut être particulièrement stressant, nos éléments se retrouvent vite en déséquilibre, d'autant plus que nous vivons avec une forme d'hyperexcitabilité innée. Nous perdons alors facilement le lien avec notre Essence. Ce chemin de reconnexion à soi demande donc une attention régulière.

VOTRE RITUEL QUOTIDIEN

Pour nourrir votre équilibre psycho-émotionnel, la puissance toute particulière de vos quatre éléments et le lien avec votre Essence, je vous propose de découvrir l'art du rituel.

Les rituels sont puissants, ils donnent une attention forte aux actes du quotidien. En vous consacrant un temps chaque jour, vous donnerez une direction à votre énergie et augmenterez votre niveau de concentration, de créativité et de bien-être. C'est la clé pour garder le lien avec soi sur le long terme.

Commencez par choisir un moment de la journée. Je vous recommande particulièrement le matin au réveil, c'est le moment le plus propice pour profiter d'un esprit encore calme et d'un corps qui ne demande qu'à être remis en mouvement en douceur. J'apprécie aussi les siestes hypnotiques, les étirements de fin de journée ou les relaxations du soir pour me préparer à rêver.

Pratiquez (presque) tous les jours. Il est normal de laisser parfois passer un ou deux jours, mais essayez de ne pas laisser passer plus de trois jours de suite sans votre rituel. Au bout d'un certain temps, cela deviendra une habitude

→

indispensable, vous n'envisagerez pas vraiment de commencer la journée autrement.

La durée peut varier en fonction de vos disponibilités du jour si vous le pouvez, accordez-vous au moins une dizaine de minutes de pratique. Certains jours, prendre trois minutes sera déjà un exploit, et ce sera bien ainsi.

Quant au contenu du rituel, l'essentiel est de vous faire plaisir, tout est donc possible. Vous pouvez vous inspirer des exercices et pratiques proposés au fil de ce guide, y ajouter d'autres étirements ou méditations, du yoga, du qi gong, des temps créatifs, des séances d'hypnose, des relaxations, etc.

Si vous aimez la simplicité et la répétition, pratiquez cinq minutes de cohérence cardiaque tous les jours.

Et observez : comment se passe votre journée après votre rituel ?

En prenant l'habitude de vous connecter régulièrement à votre Essence, vous vous assurerez de ne pas perdre le lien avec ce que vous êtes au plus profond de vous. Il sera alors bien plus facile de maintenir vos quatre autres éléments en équilibre et d'obtenir leur collaboration au quotidien.

L'essentiel à retenir

➔ Vous avez le pouvoir de vous reconnecter à la puissance de votre Essence.

- Pour bien vivre au quotidien : synchronisez-vous au rythme de votre cœur.
- Pour évoluer sur le long terme : créez à partir de vos talents naturels, suivez votre intuition, faites rayonnez votre Essence !

L'ÉQUILIBRE, UNE DANSE SUBTILE POUR SE RENDRE LA VIE BELLE

Ce guide vous a emmené dans un voyage au cœur de vos éléments les plus naturels. Il est une invitation à repenser l'« ego-système » pour évoluer dans un écosystème individuel et collectif plus durable, où le bonheur se trouve dans le sens et l'épanouissement de soi. La priorité n'est alors plus de « réussir » mais de se rendre la vie belle. À ma connaissance, cette transition ne peut se faire qu'à travers le processus d'individuation et l'écoute de soi.

C'est en observant danser la vie en vous, avec toute l'intensité qui caractérise le haut potentiel, que vous pourrez progressivement amener vos éléments à l'équilibre, afin qu'ils s'alignent sur ce que vous êtes au plus profond de vous, votre Essence.

Le bonheur se trouve en chacun de nous, notre Essence est libre et joyeuse. Elle ne demande qu'à s'exprimer à travers vos talents naturels votre créativité, votre intuition, votre état d'être.

Comme on est tous différents, chacun a un équilibre qui lui est propre. Et comme la vie est mouvement, l'équilibre individuel n'est pas un point fixe, il est vivant lui aussi, chacun a son rythme. Il s'agit donc plus d'un mouvement d'oscillation perpétuel, plus ou moins rapide, de plus ou moins grande amplitude, que d'un point à atteindre une bonne fois pour toutes.

Vivre en se sentant libre d'être la personne que l'on est réellement est un chemin qui demande de se libérer du passé et de rétablir la paix à l'intérieur de soi. Je vous invite à marcher sur ce chemin à votre rythme, à vous laisser parfois guider par d'autres qui l'ont déjà arpenté, à vous autoriser à changer de direction, à faire des pauses quand vous en ressentez le besoin ou l'envie, à repartir de plus belle quand l'élan sera là et, surtout, à vous faire plaisir.

Alors vous serez véritablement en train de danser avec la vie qui s'épanouit à travers votre Essence.

REMERCIEMENTS

À l'heure de clore l'écriture de ce livre, j'ai une pensée toute particulière pour ceux qui m'ont servi de guides, qui m'ont soutenue dans mon exploration jusqu'à présent et qui ont permis la matérialisation de cet ouvrage :

René Paturel, sans l'œil professionnel duquel ce livre n'aurait jamais existé,

Marielle Laheurte pour les ouvertures de corps et d'esprit,

Aurélie Le Guyader pour avoir cru en ce projet dès le début,

Marjorie Llombart pour son initiation à différents mondes,

Maxime pour son accueil et son soutien précieux,

Augustine & Melchior pour leur innocence inspirante,

mes sparring partners : Amanda, Amandine, Anthony, Laure, Philippe, Véronique,

et toutes les personnes qui ont croisé mon chemin, depuis le début ou pour un instant, grâce à qui je suis ce que je suis aujourd'hui : vous êtes tous mes enseignants sur cette voie de la connaissance de soi qui mène à l'épanouissement.

ANNEXE

Le Haut Potentiel – une carte pour apprivoiser l'étiquette

Chaque « zèbre » est un mélange unique, subtil et parfois mouvant de ces différents éléments… ou pas !

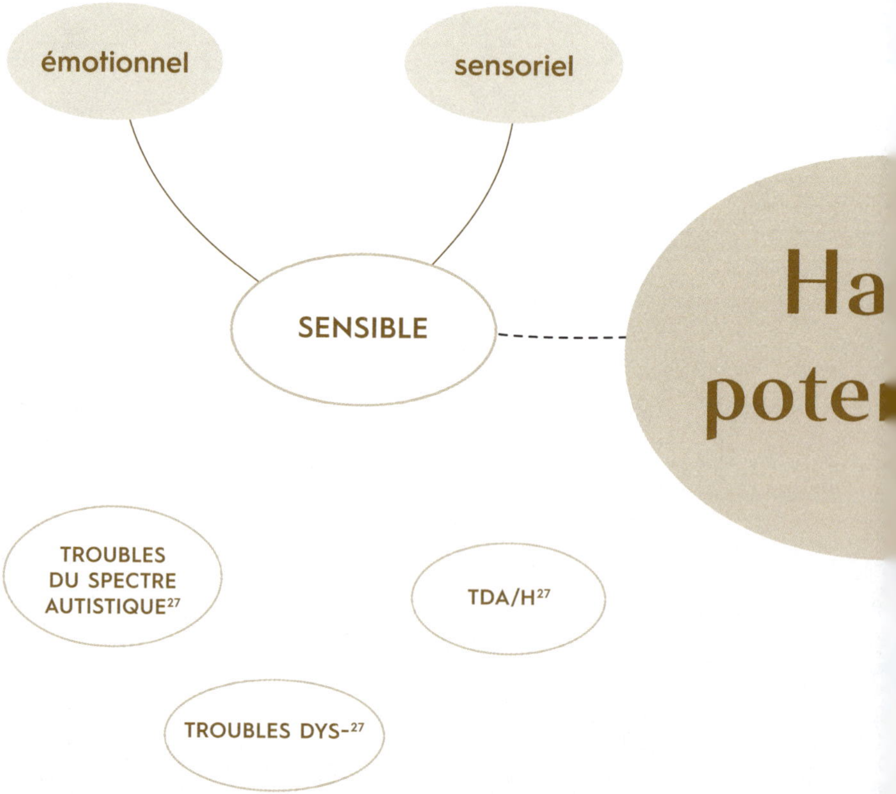

27. Autres éléments pouvant colorer le haut potentiel.

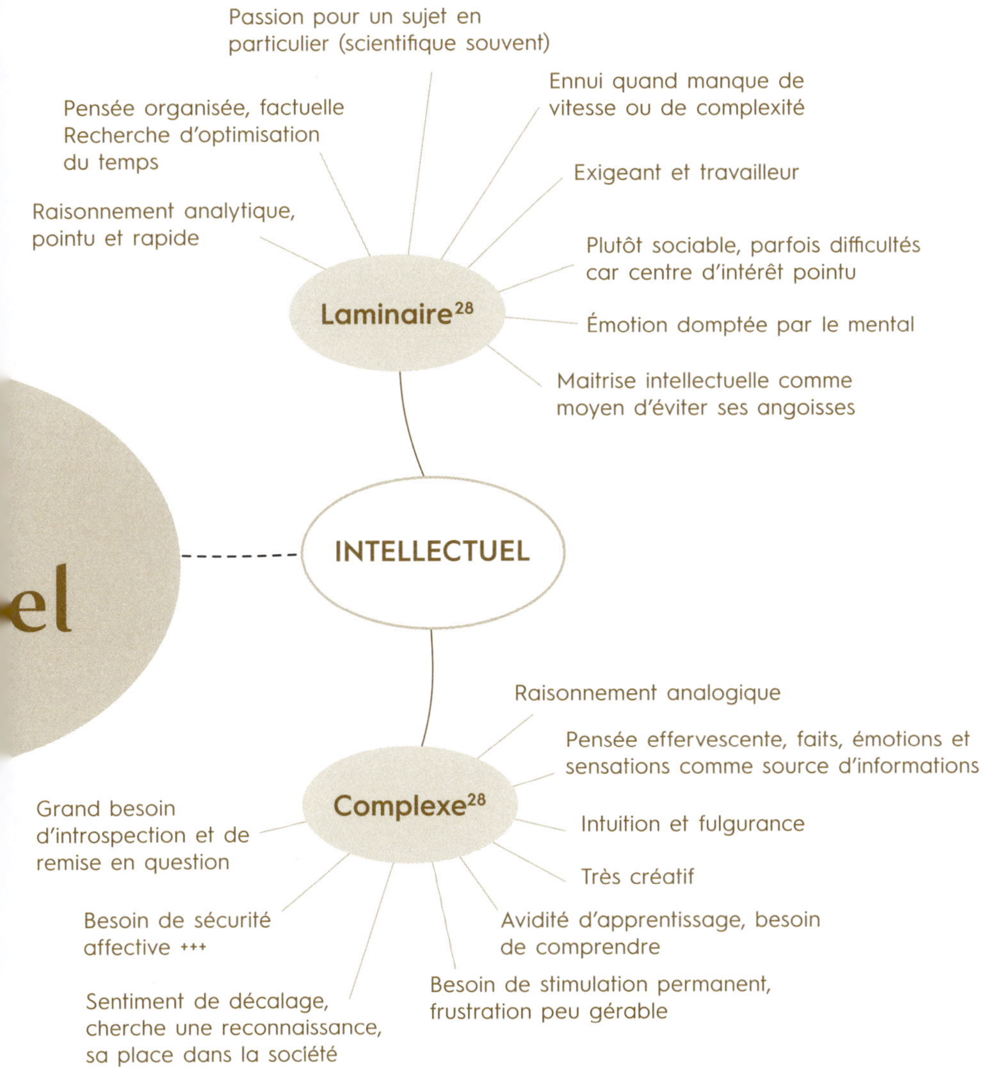

28. D'après les travaux de Fanny Nusbaum.

BIBLIOGRAPHIE

Sur le haut potentiel intellectuel et sensible

Elaine Aron, *Hypersensibles. Mieux se comprendre, mieux s'accepter : Transformer l'hypersensibilité en atout,* Marabout, 2017.

Cécile Bost, *Être un adulte surdoué,* Vuibert, 2019 (3e édition), et son blog www.talentdifferent.com pour de nombreuses sources scientifiques.

Nathalie Clobert et Nicolas Gauvrit, *Psychologie du haut potentiel : comprendre, identifier, accompagner,* De Boeck Sup, 2021.

Élodie Crépel, *Femme atypique,* Jouvence, 2021.

Mary Elaine Jacobsen, *The Gifted Adults, a Revolutionary Guide for Liberating Everyday Genius*, Ballantine Books, 2000.

Monique de Kermadec, *L'Adulte surdoué. Apprendre à faire simple quand on est compliqué,* Albin Michel, 2011.

Monique de Kermadec, *La Femme surdouée,* Albin Michel, 2019.

Fanny Nusbaum, Olivier Revol, Dominic Sappey-Marinier, *Les Philo-cognitifs*, Odile Jacob, 2019.

Christel Petitcollin, *Je pense trop*, Trédaniel, 2010.

Paula Prober, *Your Rainforest Mind A Guide to the Well-Being of Gifted Adults and Youth*, GHF Press, 2016.

Chloé Romengas, *Rayures et Ratures*, autoédité, 2018.

Sandrine Rouget, *Un caméléon trop sensible*, autoédité, 2019.

Sandrine Rouget, *La Caméléone*, autoédité, 2020.

Jeanne Siaud-Facchin, *Trop intelligent pour être heureux ?*, Odile Jacob, 2008.

Carlos Tinoco, Sandrine Gianola et Philippe Blasco, *Les « Surdoués » et les autres. Penser l'écart*, Livre de Poche, 2019.

Sur la psychologie et le développement personnel

Christophe André, *Imparfaits, libres et heureux*, Odile Jacob, 2009.

Thomas d'Ansembourg, *Cessez d'être gentil, soyez vrai !*, éditions de l'Homme, 2014.

Kazimierz Dabrowski, *La Formation de la personnalité par la désintégration positive*, Pilule rouge, 2017.

Dr Lindsay Gibson, *Se construire avec des parents immatures*, Leduc, 2021.

Thierry Janssen, *La Solution intérieure*, Pocket, 2011.

Carl G. Jung, *L'Âme et le Soi : Renaissance et Individuation*, Albin Michel, 2021.

Christian Junod, *Enfin libre d'être soi-même*, Jouvence, 2017.

Dr Jon Kabbat-Zinn, *Au cœur de la tourmente, la pleine conscience*, J'ai Lu, 2016.

Byron Katie, *J'ai besoin que tu m'aimes : est-ce vrai ?*, Trédaniel, 2006.

Patricia Lamare, *La Théorie de la désintégration positive de Dabrowski*, autoédité, 2017.

Marshall Rosenberg, *Les Mots sont des fenêtres (ou bien des murs)*, La Découverte, 2016.

André Stern, *Tous enthousiastes !*, Albin Michel, 2018.

Valerie Young, *The Secret Thoughts of Successful Women: Why Capable People Suffer from the Impostor Syndrome and How to Thrive in Spite of It*, Currency, 2011.

Sur la naturopathie

Drs Louis Berthelot et Jacqueline Warnet, *Les Secrets de l'intestin, le filtre de notre corps*, Albin Michel, 2011.

Dr Éric Braverman, *Un cerveau à 100 %,* Thierry Souccar Éditions, 2007.

Mélanie Colleaux, *Méditer avec les huiles essentielles*, Jouvence, 2019.

Daniel Kieffer, *Naturopathie, la santé pour toujours*, Grancher, 2010.

Miranda Gray, *La Femme optimale*, Courrier du livre, 2015.

Miranda Gray, *Lune rouge, Les forces du cycle féminin*, Gruppo Editoriale Macro, 2020.

Dominick Léaud-Zachoval, *La Naturopathie au quotidien*, Médicis, 2011.

Jean-René Mestre, *Faites de l'aliment votre médicament*, Time Nutrition, 2012.

Jean Seignalet, *L'Alimentation ou la troisième médecine*, Éditions du Rocher, 2012.

Christopher Vasey, *Manuel de diététique, de nutrition et d'alimentation saine*, Jouvence, 2009.

Sur le système nerveux, les fascias et le psoas

William Broad, *The Science of Yoga*, Simon & Schuster, 2012.

Stéphane Drouet, *L'Intelligence autonome du corps,* Éditions Dangles, 2018.

Dr Navaz Habib, *Activez votre nerf vague,* Thierry Souccar Éditions, 2020.

Bessel van der Kolk, *Le Corps n'oublie rien*, Albin Michel, 2020.

Éric Marlien, *Le système nerveux autonome : de la théorie polyvagale au développement psychosomatique,* Sully, 2018.

Thomas Myers, *Anatomy Trains: Myofascial Meridians for Manual Therapists and Movement Professionals*, Elsevier Masson, 2018.

Jo Ann Staugaard-Jones, *Le Psoas muscle vital*, Sully, 2014.

Sur l'interprétation des rêves et au-delà

Khalil Gibran, *Le Prophète*. Le Livre de Poche, 1996.

Marielle Laheurte, *Interprétez vos rêves*, Hachette, 2013.

Annie Marquier, *Le Maître dans le cœur*, Valinor, 2007.

Sur les émotions

Christophe André, *Les états d'âmes*, Odile Jacob, 2009.

Tara Brach, *L'acceptation radicale*, Belfond, 2016.

Jonhatan Haidt, *L'hypothèse du bonheur*, Mardaga, 2010.

Jean Monbourquette, *Apprivoiser son ombre*, Points, 2015.

Serge Marquis, *Le jour où je me suis aimé pour de vrai*, Points, 2018.

Christophe Massin, *Souffrir ou aimer*, Odile Jacob, 2017.

Martin Desseilles, *Vivre mieux avec ses émotions*, Odile Jacob, 2016.

Michelle Larivey, *La puissance des émotions*, éditions de l'Homme, 2002.

Louise Bourbeau, *La guérison des 5 blessures de l'âme*, Ecoute ton corps, 2015.

Marilyn Krieger, *Le syndrome du sauveur*, Eyrolles, 2017.

Marc Pistorio, *Dis-moi qui tu aimes, je te dirai qui tu es*, Flammarion, 2016.

De la même auteure

Le droit d'auteur pour les écrivains. Comment protéger votre œuvre et exploiter vos droits pour en tirer le meilleur parti, Club positif, 2018.

Zèbre & Naturopathie, Guide de prise en charge au naturel du Haut Potentiel Intellectuel, édition numérique indépendante, 2018.

Avec Marjorie Llombart, *Je deviens coach. Comment lancer son activité et trouver ses premiers clients*, Eyrolles, 2021.

TABLE DES MATIÈRES

SOMMAIRE
LES PRATIQUES FONDAMENTALES

Aux éditions Eyrolles

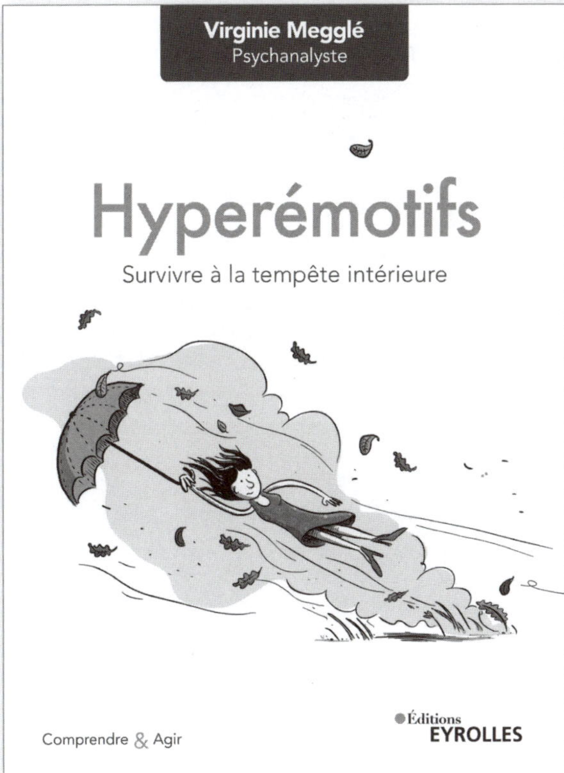

Angélique Preux
Du compte Instagram
@shakeyournature
50 exercices de
NATUROPATHIE
Éditions
EYROLLES

La méthode MUNZ FLOOR
par Alexandre Munz
L'EXTRAORDINAIRE POUVOIR DES FASCIAS EN MOUVEMENT
L'approche corporelle innovante et accessible à tous pour se libérer des douleurs musculaires et articulaires et protéger sa colonne vertébrale
Éditions EYROLLES

Imprimé en France par Corlet Imprimeur

Dépôt légal : janvier 2022

Cet ouvrage est imprimé sur du papier offset 90 g, papier issu de forêts gérées durablement.